HP 12C
Sem Segredos v. 2.0
Odair S. Pereira

NOTA

O autor não se responsabiliza por transações comerciais que porventura venham a realizar com base nos exemplos citados. Quaisquer exemplo constante na obra só poderá ser utilizado com a competente observação e conferência por parte de um profissional capacitado.

O AUTOR

DEDICATÓRIA

Dedico este trabalho aos meus pais, especialmente a meu pai, José Soares Pereira Filho (In Memoriam), aos meus avós (In Memoriam) e aos meus irmãos, em especial a Luciana Soares Pereira Pomarolli (In Memoriam), que sempre estiveram presentes nos momentos mais difíceis e acreditaram em meu potencial, me incentivando na busca de novos conhecimentos. Agradeço-lhes por todo o amor, apoio e encorajamento que me deram ao longo da minha vida.

AGRADECIMENTO

Agradeço a Deus pela oportunidade e pelo privilégio de ter a força necessária para lutar por meus ideais. Agradeço também aos meus mestres, que durante minha jornada acadêmica, dedicaram-se incansavelmente para me mostrar o caminho que hoje consigo enxergar com o mesmo entusiasmo que eles imprimiram em meu subconsciente.

Expresso minha gratidão à minha família por sua paciência em tolerar minha ausência e aos meus amigos, que compreenderam que para chegar até aqui, foi preciso renunciar a muitas vaidades.

SUMÁRIO

APRESENTAÇÃO

A calculadora financeira programável HP 12C[1] foi lançada pela Hewlett-Packard nos Estados Unidos em 1981 e se tornou referência em desempenho para cálculos envolvendo juros simples e compostos, taxas de retorno, amortizações, fluxos de caixa e outras funções aplicadas à área de negócios. Este livro tem como objetivo oferecer aos leitores uma compreensão prática e teórica das principais operações da HP 12C[2] para a resolução de problemas básicos de álgebra, matemática financeira e estatística, complementados com problemas práticos resolvidos e a resolver, sempre voltados para o atual mercado financeiro e desenvolvidos com a utilização da HP 12C[3]. Os tópicos abordados incluem a capitalização simples e composta, os tipos de taxas do mercado financeiro, financiamentos com pagamentos parcelados e formas de restituição do capital e juros, o valor futuro de aplicações de capital em parcelas, bem como alternativas de investimentos.

Um pré-requisito para melhor entendimento do conteúdo é possuir noções introdutórias de matemática e operações básicas de matemática financeira e estatística. Entre os tópicos abordados, incluem-se instruções de uso da HP 12C[4], cálculos aritméticos simples e compostos, percentagens, calendário, funções financeiras básicas, juros simples e compostos, operações estatísticas, análise de investimento, Sistema de Amortização, programação, dicas de manutenção, códigos de erros e testes de verificação de autenticidade. O autor deseja aos leitores uma ótima leitura e a capacidade de utilizar todo o potencial dessa importante ferramenta para a resolução de problemas financeiros e de negócios.

---

[1] HP 12C Gold.

[2] HP 12C Gold, Platinum, Prestige, 25th Anniversary Edition.

[3] HP 12C Gold, Platinum, Prestige, 25th Anniversary Edition.

[4] HP 12C Gold, Platinum, Prestige, 25th Anniversary Edition.

BREVE HISTÓRICO

A HP 12C[5] é considerada uma das calculadoras financeiras mais antigas do mercado, tendo sido lançada em 1981 como parte da série clássica de calculadoras 10C da Hewlett-Packard. Seus recursos incluem mais de 120 funções específicas para uso em negócios, a capacidade de trabalhar com 20 fluxos de caixa diferentes, operações com taxas internas de retorno e valor presente líquido. Além disso, ela é conhecida por utilizar a lógica RPN[6], permitindo uma entrada mais rápida de dados e execução eficiente dos cálculos. Com uma bateria de longa duração, tamanho compacto e memória para 20 posições, a HP 12C[7] é fácil de programar através do teclado.

Embora tenham sido lançados modelos mais recentes e com mais recursos, as vendas da HP 12C[8] ainda se mantêm em ritmo constante. Mas quais são as razões para a persistência do uso da velha HP 12C[9]?

O Museu Hewlett-Packard apresenta algumas justificativas:

- Os compradores geralmente são profissionais ligados a áreas de negócios, são conservadores e se tornam aficionados pela HP 12C[10] já tradicional no mercado;

- Ela se tornou parte do "elegante uniforme executivo de negócios", o que a distingue facilmente dos modelos mais baratos;

- Fornece as funções apropriadas de forma simples e pelo preço mais justo possível.

De modo geral, as principais características da HP 12C[11] são sua robustez e durabilidade, que a tornam uma máquina perene se bem cuidada.

---

[5] HP 12C Gold, Platinum, Prestige, 25th Anniversary Edition.

[6] Notação Polonesa Reversa (RPN).

[7] HP 12C Gold, Platinum, Prestige, 25th Anniversary Edition.

[8] HP 12C Gold, Platinum, Prestige, 25th Anniversary Edition.

[9] HP 12C Gold, Platinum, Prestige, 25th Anniversary Edition.

[10] HP 12C Gold, Platinum, Prestige, 25th Anniversary Edition.

[11] HP 12C Gold, Platinum, Prestige, 25th Anniversary Edition.

CONHECENDO A HP 12C[12]

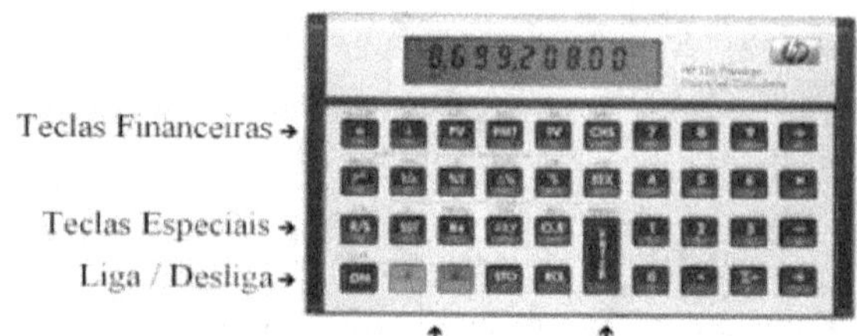

SETORES DO TECLADO

ENTRADA DE DADOS - Permite a entrada de dados na HP 12C. O ponto substitui a vírgula.

OPERAÇÕES BÁSICAS - Operações matemáticas simples.

---

[12] HP 12C Gold, Platinum, Prestige, 25th Anniversary Edition.

POTÊNCIA E RAIZ - Eleva y qualquer (base) a um x qualquer (expoente).

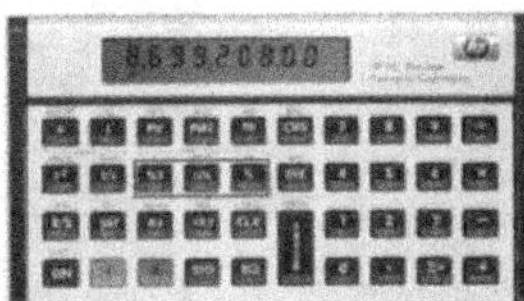

PERCENTAGEM - É uma comparação feita com o valor 100. Veremos mais adiante.

LIMPEZA - Prefixos e registros financeiros e estatísticos e programação.

FINANCEIRO - Em matemática financeira será utilizada constantemente.

CALENDÁRIO - Operações com datas. Será visto logo mais em detalhes.

ARMAZENAMENTO DE DADOS - Aqui está o HD da sua HP 12C.

TROCA - TROCA - Será visto a seguir nos exercícios.

CONHECENDO O TECLADO

O código da tecla representa a posição que ela ocupa a HP 12C[13] é uma matriz com 04 linhas e 10 colunas. Assim teria que ter 40 teclas (04 x 10) mas como a tecla ENTER ocupa 02 linhas só possui 39 teclas. Para entender melhor o código da tecla [n] é 11 pois ocupa a 1ª linha e a 1ª coluna; o código da tecla [%] é 2, pois ocupa a 2ª linha 5ª coluna; o código da tecla [ENTER] é 36, pois está na 3ª linha 6ª coluna e assim sucessivamente.

TECLADO BRANCO

[ON] Liga/Desliga.

[STO] Armazena número na memória.

[RCL] Recupera valor na memória.

---

[13] HP 12C Gold, Platinum, Prestige, 25th Anniversary Edition.

[ENTER] Troca nos tambores X, Y, Z e T.

[0] Introduz o numeral 0.

[.] Introduz o ponto.

[Σ+] Entrada de dados estatísticos.

[+] Operador aritmético.

[R/S] Inicia a execução de um programa.

[SST] Pula uma linha de programação.

[R↓] Troca de posição (X-T-Z-Y-X)[14].

[X><Y] Permuta valores entre X e Y.

[CLx] Limpa o visor (Registrador x).

[1] Introduz o numeral 1.

[2] Introduz o numeral 2.

[3] Introduz o numeral 3.

[-] Operador aritmético.

[y^x] Coloca um número como expoente.

[1/x] Divide 1 por (X)[15].

[%T] Percentagem de um número sobre o outro.

[Δ%] Variação percentual entre dois úmeros.

[%] Expressa um número em percentagem.

[EEX] Introduz (E.N.C.)[16] com mais de 10 dígitos.

[4] Introduz o numeral 4.

[5] Introduz o numeral 5.

[6] Introduz o numeral 6.

[x] Operador aritmético.

[n] Tempo.

---

[14] Valores dos Tambores.
[15] Deixa o número como denominador.
[16] Expoente de Notação Científica.

[i] Taxa.

[PV] Valor presente ou atual.

[PMT] Prestações.

[FV] Valor futuro.

[CHS][17] Troca o sinal de um número.

[7] Introduz o numeral 7.

[8] Introduz o numeral 8.

[9] Introduz o numeral 9.

[÷] Operador aritmético.

REGISTRADOR FINANCEIRO

[n] Tempo.

[i] Taxa.

[PV] Valor presente ou atual.

[PMT] Prestações.

[FV] Valor futuro.

---

[17] Negativo/Positivo ou Vice/Versa.

TECLADO DOURADO

[OFF] Desliga a HP 12C[18].

[f] Habilita os caracteres dourados.

[P/R] Coloca a HP 12C[19] em modo de programação.

[ALG] Coloca a HP 12C[20] em modo algébrico.

[AMORT] Apresenta o (VJ)[21] plano de amortização.

[INT] Calcula os juros simples.

[NPV] Calcula o (VPL)[22] de um investimento.

[RND] Faz arredondamento no visor.

[IRR] Calcula a TIR)[23]

[RPN] Coloca a HP 12C[24] em modo RPN[25].

CLEAR TECLAS DE LIMPEZA

[∑] Limpa dados estatísticos.

[PRGM] Limpa dados programação.

[FIN] Limpa dados financeiros.

[REG] Limpa registros.

[PREFIX] Limpa prefixos.

---

[18] HP 12C Gold, Platinum, Prestige, 25th Anniversary Edition.
[19] HP 12C Platinum, Prestige, 25th Anniversary Edition.
[20] HP 12C Platinum, Prestige, 25th Anniversary Edition.
[21] Valor dos Juros.
[22] Valor Presente Líquido (VPL).
[23] Taxa Interna de Retorno (TIR).
[24] HP 12C Gold
[25] Notação Polonesa Reversa (RPN).

BOND TECLAS CÁLCULO DE TÍTULOS

[PRICE] Calcula ganhos.

[YTM] Calcula rendimentos até o vencimento.

DEPRECIATION TECLAS DE DEPRECIAÇÃO

[SL] Depreciation método linear.

[SOYD] Depreciation método dígitos soma dos anos.

[DB] Depreciation método declínio do balanço.

TECLADO AZUL

[g] Habilita os caracteres azuis.

[(] Abre parêntese.

[)] Fecha parêntese.

[=] Igualdade HP 12C[26].

[$\overline{x}$] Calcula a média aritmética.

[s] Calcula o desvio padrão.

[$\sum$-] Somatório negativo.

[LSTx] Mostra o último valor do registrador X.

[PSE] Pausa na execução de um programa.

[BST] Volta à linha anterior de um programa.

[GTO] Coloca na linha de programa 00.

[x≤y] Verifica se x é menor que y.

[x= 0] Verifica se x é igual a 0.

[$\hat{x}$,r] Estima um valor de x.

[$\hat{y}$,r] Estima um valor de y.

[n!] Apresenta o fatorial de um número.

---

[26] HP 12C Gold

[←] Retorna casas decimal na HP 12C[27]

[√x] Calcula a raiz quadrada.

[e^x] Calcula o exponencial na base e.

[LN] Mostra o logaritmo de um número.

[FRAC] Mostra a parte fracionária de um número.

[INTG] Mostra a parte inteira de um número.

[ΔDYS] Fornece a variação de dias entre datas.

[D.MY] Habilita para formato dia/mês/ano.

[M.DY] Habilita para o formato mês/dia/ano.

[x̄w] Calcula a média ponderada em uma sequência.

[x^2] Eleva o valor indicado ao quadrado.

[12x] Transforma taxa ou tempo em ano.

[12÷] Divide uma taxa ou tempo por (12).

[CFo] Introduz o fluxo de caixa no tempo zero.

[CFj] Introduz fluxos de caixa a partir do 1º período.

[Nj] Repete um valor quantas vezes desejarmos no fluxo.

[DATE] Apresenta uma data a partir de outra e os dias.

[BEG] Executa cálculos de anuidades antecipadas.

[END] Executa cálculos de anuidades postecipadas.

[MEM] Mostra todas as linhas de programação.

CONHECENDO AS FUNÇÕES

[ON] LIGA/DESLIGA - Se não pressionada será desligada de 8 a 17 minutos após última operação HP 12C[28] Gold e 12 minutos HP 12C[29] Platinum.

---

[27] HP 12C Platinum, Prestige, 25th Anniversary Edition.
[28] HP 12C Gold
[29] HP 12C Platinum, Prestige, 25th Anniversary Edition.

INDICADOR DE BATERIA - Aparece piscando um [*] no canto esquerdo do visor na HP 12C[30] Gold e um desenho de uma pilha piscando na HP 12C[31] Platinum indica a necessidade de troca da bateria.

FUNÇÕES

PRIMEIRA - Cor branca na parte superior da tecla.
SEGUNDA - Cor dourada acima das teclas para utilizar apertar a tecla [f].
TERCEIRA - Cor azul na parte inferior da tecla para utilizar apertar a tecla [g].

LIMPEZA MEMÓRIA DE CÁLCULO

📋 **Obs.: Antes de efetuar cálculos faça a limpeza do registro de cálculo apertando as teclas:**

[f] [FIN] e [f] [REG] Limpa todos os registros financeiros

[CLx] Limpa apenas o visor

[∑] Limpa os registradores estatísticos

[PRGM] Limpa os programas

[FIN]Limpa registros[n] [i] [PV] [PMT] [FV]

[REG] Limpa todos os registros

[PREFIX] Cancela o prefixo dourado ou azul

---

[30] HP 12C Gold
[31] HP 12C Platinum, Prestige, 25th Anniversary Edition.

ENTRADAS DE DADOS

A HP 12C[32] permite a variação do ponto como separador de milhar e decimal. Na notação brasileira, a parte inteira é dividida em grupos de três algarismos por um ponto, sendo separada a parte inteira da fracionária pela vírgula.

A notação americana utiliza a vírgula no lugar do ponto e vice-versa. Para mudar basta desligar a HP 12C[33] e ligá-la apertando [.]

 **Ex.: Antes 1,000.00 após alteração: 1.000,00**

NÚMERO DE CASAS DECIMAIS

Para configurar a HP 12C[34] para trabalhar com 2 casas decimais, pressione [f] [2]. Como a maioria dos cálculos será financeiro, é melhor que a HP 12C[35] já fique configurada para "moeda".

Se, entretanto, em cálculos de taxa necessitar maior precisão, pode-se mudar para 4 casas decimais [f] [4] ou cálculo de fatores, 6 casas [f] [6] e assim sucessivamente.

Obs.: Na medida em que reduzimos as casas decimais o valor que aparece no visor será automaticamente arredondado, usando a seguinte convenção: Se o número seguinte for: 0 a 04 mantém-se e de 05 a 09, arredonda-se.

---

[32] HP 12C Gold, HP 12C Platinum, Prestige, 25th Anniversary Edition.
[33] HP 12C Gold, HP 12C Platinum, Prestige, 25th Anniversary Edition.
[34] HP 12C Gold, HP 12C Platinum, Prestige, 25th Anniversary Edition.
[35] HP 12C Gold, HP 12C Platinum, Prestige, 25th Anniversary Edition.

NÚMERO NEGATIVO

Para trocar o sinal de um número no visor, pode ser um que acabou de ser digitado ou resultado de algum cálculo feito anteriormente basta apertar [CHS][36]. No visor vai aparecer o número precedido do sinal negativo. Apertando novamente [CHS][37] remove o sinal e o número se torna positivo.

Ex.: 4 [CHS] aparece [-4] e apertando novamente [CHS] aparece [4]

CÁLCULOS ARITMÉTICOS

A diferença entre a HP 12C[38] e as calculadoras convencionais está na forma de entrada dos dados. As convencionais executam cálculos de uma forma direta, obedecendo à sequência natural da matemática.

Para fazermos a operação 2 + 3, tecla-se primeiro [2] depois o [+] e em seguida o [3] e finalmente, a tecla [=] resultado [5].

A HP 12C[39] opera com o sistema de entrada de dados RPN[40] onde introduzimos primeiro os dados separados pela tecla [ENTER] e depois o operador [÷] [x] [-] [+][41]. Para fazermos a operação 2 + 3, na HP 12C[42] [2] [ENTER] [3] [+] resultado 5.

---

[36] Negativo/Positivo ou Vice/Versa.
[37] Negativo/Positivo ou Vice/Versa.
[38] HP 12C Gold, Platinum, Prestige, 25th Anniversary Edition.
[39] HP 12C Gold, Platinum, Prestige, 25th Anniversary Edition.
[40] Notação Polonesa Reversa (RPN).
[41] Operações Matemáticas.
[42] HP 12C Gold, Platinum, Prestige, 25th Anniversary Edition.

NOTAÇÃO DE NÚMEROS GRANDES OU PEQUENOS

A HP 12C[43] permite realizar cálculos com números que sejam maiores que 10^{10} e menores que 10^{10}. O visor só permite a exibição de números com até 10 algarismos, números grandes ou pequenos são exibidos sob a forma de notação científica, onde a mantissa é apresentada primeiramente e depois, o expoente de 10 que multiplica a mantissa. Por exemplo, 14 milhões multiplicado por 24 milhões será exibido na HP 12C[44] como [3,360000 14].

Note a existência de espaço entre [3,360000 e 14]. O primeiro número [3,360000   14] é a mantissa e o segundo é o expoentede 10 que está multiplicando a mantissa. A forma de trabalhar com valores grandes na HP 12C[45] é viabilizada pela tecla [EEX] que representa o expoente de 10 que multiplica o número que está sendo digitado.

PILHA OPERACIONAL

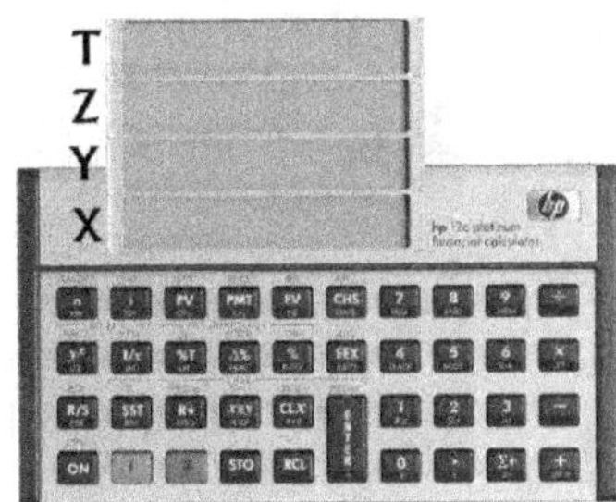

A HP 12C[46] é dotada de 04 registros chamados pilha operacional.

 **Obs.: (não é a pilha elétrica que faz a HP 12C[47] funcionar).**

---

43 HP 12C Gold, Platinum, Prestige, 25th Anniversary Edition.
44 HP 12C Gold, Platinum, Prestige, 25th Anniversary Edition.
45 HP 12C Gold, Platinum, Prestige, 25th Anniversary Edition.
46 HP 12C Gold, Platinum, Prestige, 25th Anniversary Edition.
47 HP 12C Gold, Platinum, Prestige, 25th Anniversary Edition.

Vamos ser mais claros. A HP 12C[48] deveria ter quatro visor. A economia de espaço levou a Hewlett-Packard a utilizar apenas um visor isso complica um pouco, mas em contrapartida a HP 12C[49] cabe no bolso.

É como são conhecidos os registros (memórias) X, Y, Z e T, a ordem é muito importante. Para efetuar qualquer cálculo é fundamental saber como introduzir dados nestes registros e como eles se relacionam.

Vamos usar como exemplo 4 + 8 vamos somar e ver como vai ficar os 04 registros internos na pilha operacional. Vejamos a seguir o funcionamento da pilha operacional na prática. Conforme tabela a seguir:

Tecla Pressionada	Registros	O que Acontece
[CLx]	T Z Y X [0,00] [Visor]	Limpa o Visor
[4]	T Z Y X [4,00] [Visor]	4,00 Aparece em X
[ENTER]	T Z Y [4,00] X [4,00] [Visor]	4,00 Passa para Y e fica Cópia em X
[8]	T Z Y [4,00] X [8,00] [Visor]	8,00 Substitui o Valor de X e 4,00 Continua em Y
[+]	T Z Y X [12,00] [Visor]	X e Y são Somados e o Resultado Aparece em X

Obs.: O resultado pode ser utilizado para outros cálculos conforme a necessidade.

---

[48] HP 12C Gold, Platinum, Prestige, 25th Anniversary Edition.
[49] HP 12C Gold, Platinum, Prestige, 25th Anniversary Edition.

Todas as operações são feitas nos registradores X e Y, e para que serve os registros Z e T para realizar cálculos complexos que utilizam mais de dois registros. Vamos calcular a expressão numérica: (2 + 3) + (12 - 8) x (7 - 1).

Se usar uma calculadora convencional deveria resolver as operações de cada parêntese anotando num papel os resultados parciais: 5 + 4 x 6. Concorda estamos diante de um problema. Precisamos introduzir o [4] para ser multiplicado por [6], e depois somar o [5]. E a nossa conta é simples. Com a HP 12C[50] é muito simples e agora aqueles registros Z e T vão entrar em ação e nos prestarão um grande serviço fazer as anotações dos resultados parciais, ou seja, armazena o [5] [4] [6] prontos para os cálculos. Com HP 12C[51].

[f] [REG] {[2] [ENTER] [3]} [+] {[12] [ENTER] [8]} [-] {[7] [ENTER] [1]} {[-] [x] [+]} = 29
        {1° Parêntese}   {2° Parêntese}   {3° Parêntese}   {Operações}

Veja como ficou a pilha operacional:

Teclas	2	[ENTER]	3	[+]	12	[ENTER]	8	[-]	7	[ENTER]	1	[-]	[x]	[+]
T	0	0	0	0	0	0	0	0	0	5	5	5	5	5
Z	0	0	0	0	0	5	5	0	5	4	4	5	5	5
Y	0	2	2	0	5	12	12	5	4	7	7	4	5	5
X	2	2	3	5	12	12	8	4	7	7	1	6	24	29

Como verificar se os valores armazenados em X, Y, Z e T estão corretos? A Hewlett-Packard pensou em tudo e criou na HP 12C[52] a função [R↓][53] que está no setor troca-troca ao pressionar essa tecla rola no visor os números armazenados nos tambores. Os números rolam e vai assumindo os novos compartimentos (registros).

Faça o teste:

COM HP: [3] [ENTER] [17] [ENTER] [74] [ENTER] [1]. A pilha ficou assim:

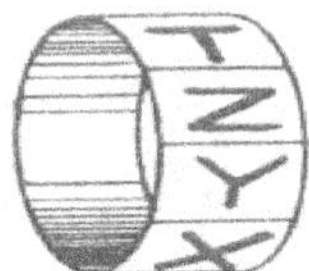

T 3,00
Z 17,00
Y 74,00
X 1,00

---

[50] HP 12C Gold, Platinum, Prestige, 25th Anniversary Edition.
[51] HP 12C Gold, Platinum, Prestige, 25th Anniversary Edition.
[52] HP 12C Gold, Platinum, Prestige, 25th Anniversary Edition.
[53] Troca de Posição nos tambores

Agora pressione [R↓] no visor aparece 74,00 pressione [R↓] agora apareceu 17,00 outra vez [R↓] agora ficou o 3,00 outra vez [R↓] 1,00. Percebeu que quando pressionamos [R↓] os números aparecem no visor [X] rolando o anterior para [T].

CÁLCULO SIMPLES

Todas as operações simples, como a adição, subtração, multiplicação, divisão envolve ao menos dois operadores. A HP 12C[54] opera de forma diferente das demais. Ela utiliza o método RPN[55]. Para realizar tais cálculos na HP12C[56] você precisa informar quais são os dois números e então a operação a ser realizada. A resposta é calculada quando a tecla de operação [+] [-] [x] [÷] é pressionada. Os dois números devem ser introduzidos na mesma ordem que aparecem como se a operação fosse feita em papel e a expressão escrita da esquerda para a direita após a introdução do primeiro número, pressione a tecla [ENTER] para informar à HP 12C[57] que o número foi completamente fornecido. Depois digite o segundo número e o operador [+] [-] [x] [÷].

Soma 2 + 3 = 05.

COM HP: [2] [ENTER] [3] [+] = 5.

Subtração 5 - 3 = 02

COM HP: [5] [ENTER] [3] [-] = 2.

Multiplicação 10 x 2 = 20.

COM HP: [10] [ENTER] [2] [x] = 20.

Divisão 20 ÷ 4 = 5.

COM HP: [20] [ENTER] [4] [÷] = 5.

---

[54] HP 12C Gold, Platinum, Prestige, 25th Anniversary Edition.
[55] Notação Polonesa Reversa (RPN).
[56] HP 12C Gold, Platinum, Prestige, 25th Anniversary Edition.
[57] HP 12C Gold, Platinum, Prestige, 25th Anniversary Edition.

 **Obs.: Caso esteja fazendo um cálculo qualquer e digitar um valor errado basta apertar a tecla [g] [LSTx] apertar o operador contrário digite novamente o valor correto e aperte o operador novamente.**

Ex.: Efetuar a multiplicação.

3 x 5 = 15 e sua intenção era multiplicar 3 x 9 = 27. COM HP: [3] [ENTER] [5] [x] = 15,00 [g] [LSTx] [5] [÷] [9] [x] = 27,00.

CÁLCULO EM CADEIA

Lembre-se: A regra matemática diz que primeiro devemos resolver a multiplicação e a divisão e depois a soma e a subtração respeitando parênteses colchetes e chaves.

Multiplicação e Soma (3 x 4) + (5 x 6) = 42,00.

COM HP: [3] [ENTER] [4] [x] [5] [ENTER] [6] [x] [+] = 42,00.

Multiplicação e Subtração e Soma (64 x 2) – (2 x 38) + (3 x 103) = 361,00.

COM HP: [64 [ENTER] [2] [x] [2] [ENTER] [38] [x] [-] [3] [ENTER] [103] [x] [+] = 361,00.

Multiplicação e Divisão (2 x 8) ÷ 4 = 4,00.

COM HP: [2] [ENTER] [8] [x] [4] [÷] = 4,00.

PONTÊNCIA E RAIZ DE QUALQUER VALOR

Potência $(5 + 4)^2 \div (2+3)^2 = 3,24$.

COM HP: [5] [ENTER] [4] [+] [2] [y^x] [2] [ENTER] [3] [+] [2] [y^x] [÷] = 3,24.

Raiz Quadrada: 25 = 5,00.

COM HP: [25] [ENTER] [g] [√x] = 5,00.

Raiz quadrada de 625 = 25,00.

COM HP: [625] [ENTER] [g] [√x] = 25,00.

Raiz cúbica: 729 = 9.

COM HP: [729] [ENTER] [3] [1/x] [yˣ] = 9,00.

Raiz quinta:32.768 = 8,00.

COM HP: 3[2.768] [ENTER] [5] [1/x] [yˣ] = 8,00.

FATORIAL

O fatorial de um número "N" (pertence ao conjunto dos números naturais) é sempre o produto de todos os seus antecessores incluindo a si próprio e excluindo o zero. A representação é feita pelo número fatorial seguido do sinal de exclamação, [n!]. Exemplo de número fatorial:

6! = 6 x 5 x 4 x 3 x 2 x 1 = 720.

Obs.: N > = 0 (N maior ou igual a zero), ou seja, não existe fatorial para números negativos.

Para o cálculo de fatorial de um número digite o número e pressione [g] [n!]. Fatorial de 5 = 120. COM HP: [5] [ENTER] [g] [n!] = 120,00.

LOGARITMO NEPERIANO (NATURAL)

O logaritmo natural é o logaritmo de base "e", onde "e" é um número irracional aproximadamente igual a 2,718281828459045, portanto a função inversa da função exponencial. O logaritmo natural é definido para todos os números reais estritamente positivos "x" e admite uma extensão como uma função complexa analítica. Em termos simples o logaritmo natural "e" uma função que é o expoente de uma potência de "e" e aparece frequentemente nos processos naturais o que explica o nome "logaritmo natural".

Para calcular o logaritmo de um número, digite o número e pressione [g] [LN].

A) Logaritmo de 3 = 1,10.

COM HP: [3] [ENTER] [g] [LN] = 1,10.

B) Logaritmo de 500 = 6,2146.

COM HP: [500] [ENTER] [g] [LN] = 6,21.

C) Logaritmo de 140 = 4,94.

COM HP: [140] [ENTER] [g] [LN] = 4,94.

EXPONENCIAL

A função exponencial é uma das mais importantes funções Matemática descrita como e^x (onde 'e' é a constante matemática neperiana base do logaritmo neperiano) pode ser definida de duas maneiras equivalentes: a primeira como uma série infinita, e a segunda como limite de uma sequência. Para calcular o exponencial de um número digite e pressione [g] [e^x].

Ex. Exponencial de 3 = 20,09.

COM HP: [3] [ENTER] [g] [e^x] = 20,09

MEMÓRIAS

Para armazenar um número na memória digite o número e pressione [STO] [0] o número ficara armazenado na memória 0. Há vinte memórias disponíveis de "0 a 9" e "0.0 a 0.9". Para recuperar um número na memória, digite [RCL] [0] o número recuperado está armazenado na memória 0.

E assim sucessivamente. A HP 12C[58] está equipada com um sistema de memória contínua que mantém os dados guardados, mesmo com a calculadora desligada.

PERCENTAGENS

Percentagem é uma comparação feita com o valor 100. É uma razão centesimal representada pelo símbolo (%). Muitas vezes nos deparamos com notícias e dados como os seguintes: 40% de desconto, 10% de comissão, prejuízo de 20%, etc.

---

[58] HP 12C Gold, Platinum, Prestige, 25th Anniversary Edition.

Como interpretar tais questões? A taxa da percentagem pode ser representada na forma percentual (5%), ou na forma de razão centesimal (5÷100= 0,05).

A) Calcular 14% de 300 = 42.

COM HP: [300] [ENTER] [14] [%] = 42,00.

B) Calcular 10% de 100 = 10.

COM HP: [100] [ENTER] [10] [%] = 10,00.

C) calcular 20% de 200 = 40.

COM HP: [200] [ENTER] [20] [%] = 40,00.

D) Um carro custa 33.000,00 e tem um desconto de 8% no pagamento a vista e um imposto adicional de 3%. Calcule o valor líquido do carro.

COM HP: [33.000,00] [ENTER] [8] [%] [-] [3] [%] [+] = 31.270,80.

FATORES

Para transformar uma taxa percentual em fator (coeficiente) podemos dividir a taxa por 100 ou utilizar o recurso da HP 12C[59] usando o número 1. Para transformar 15% em coeficiente faça [15] [ENTER] [100] [÷] ou [1] [ENTER] [15] [%]. No visor aparecera 0,15.

FATOR DE ACRÉSCIMO

Para transforma em fator de acréscimo de 15% faça: [1] [ENTER] [15] [%] [+]. No visor aparecera 1,15. Qualquer valor multiplicado por este fator estará acrescido, automaticamente, de 15%.

---

[59] HP 12C Gold, Platinum, Prestige, 25th Anniversary Edition.

FATOR DE DESCONTO

Para criar um fator de desconto de 15%, faça: [1] [ENTER] [15] [%] [-]. No visor aparecera 0,85. Qualquer valor multiplicado por este fator estará descontado, automaticamente, de 15%.

CONHECENDO O RESULTADO

Às vezes queremos fazer um cálculo de percentual invertido, ou seja, sabemos o valor líquido e queremos descobrir o valor bruto imagine que um profissional cobrou pelo seu serviço a importância de R$ 1.500,00 líquido, já deduzido o imposto de 5%. Qual o valor bruto deve-se colocar na nota, para obter o valor líquido desejado?

A melhor forma de fazer na HP 12C[60] é usando o fator 1. Insere primeiro o valor líquido desejado depois o valor 1 na HP 12C[61] como se este fosse o valor bruto. Deduz as alíquotas em questão, gerando o valor líquido de 1. Depois divide-se o valor líquido desejado pelo valor líquido é só pressionar a tecla [÷]. Assim iremos obter o valor bruto da nota como se estivéssemos resolvendo uma regra de três.

COM HP:[1.500,00] [ENTER] [1,00] [ENTER] [5] [%] [-] [÷] = 1.578,95

Obs.: Subtraia do valor bruto (1.578,95) à alíquota de 5% e veja que o valor líquido será o que foi cobrado pelo profissional, ou seja, R$ 1.500,00.

---

[60] HP 12C Gold, Platinum, Prestige, 25th Anniversary Edition.
[61] HP 12C Gold, Platinum, Prestige, 25th Anniversary Edition.

PERCENTUAL

Para encontrar a diferença em percentual entre dois números digite o número base aperte [ENTER] digite o próximo número e aperte [Δ%]. Caso o segundo número for maior que a base o resultado será positivo e se for menor que a base o resultado será negativo. No entanto caso o resultado seja positivo indica que houve um aumento e caso negativo houve uma redução. Resultado sempre em percentual (%).

A) Suas ações caíram de R$ 58,50 para R$ 53,25. Qual a variação percentual de queda. COM HP: [58,50] [ENTER] [53,25] [Δ%] = - 8,97 %.

B) Batatinha no mês de janeiro de 2014 recebeu seu salário no valor de R$ 940,00. No mês de março houve um reajuste salarial e ele recebeu R$ 1.045,00 qual foi o aumento em percentual que Batatinha recebeu.

COM HP: [940,00] [ENTER] [1.045,00] [Δ%] = 11,17%.

C) Ana foi a uma concessionária fazer um orçamento de um veículo, a vendedora passou o valor de R$ 45.950,70. Passados alguns dias Ana voltou à concessionária para efetuar a compra para sua surpresa a vendedora informou que houve reajustes e na nova tabela o mesmo veículo está custando R$ 43.500,00. Qual a diferença em percentual houve de desconto na compra do veículo.

COM HP: [45.950,70] [ENTER] [43.500,00] [Δ%] = 5,33%.

PERCENTUAL TOTAL

A) Uma empresa exportou 3,92 milhões, para o EUA, 2,36 milhões para Europa e 1,67 milhões para o resto do mundo. Qual o percentual exportado para a Europa?

COM HP: [3,92] [ENTER] [2,36] [+] [1,67] [+] = 7,95 Milhões

Para Europa: [2,36] [%T] = 29,69%.

Para o EUA: [X><Y] [3,92] [%T] = 49,31%.

Para o resto do mundo: [X><Y] [1,67] [%T] = 21,01%.

B) Para vender um produto você gastou R$ 112,00 de mão de obra, R$ 72,00 de matéria prima, R$ 35,41 de despesas gerais e R$ 34,42 de marketing. Quanto representa em percentual cada elemento de gasto.

COM HP:[112] [ENTER] [72] [+] [35,41] [+] [34,42] [+] = 253,83

Mão de obra: [112] [%T] = 44,12%.

Matéria prima: [X><Y] [72] [%T] = 28,37%.

Despesas gerais: [X><Y] [35,41] [%T] = 13,95%.

Marketing: [X><Y] [34,42] [%T] = 13,56%.

FUNÇÕES DE CALENDÁRIO

O padrão da HP 12C[62] é trabalhar com data no formato americano [M.DY][63]. Para trabalhar com datas no formato brasileiro, devemos configurar pressione [g] [D.MY][64] para que apareça no visor o comando [D.MY][65]. É um indicador que HP 12C[66] saiu do seu default (padrão). Relação dos dias da semana: 1 - Segunda, 2 - Terça, 3 - Quarta, 4 - Quinta, 5 - Sexta, 6 - Sábado, 7 - Domingo.

---

[62] HP 12C Gold, Platinum, Prestige, 25th Anniversary Edition.
[63] Mês Dia Ano (M.DY).
[64] Dia Mês Ano (D.MY).
[65] Dia Mês Ano (D.MY).
[66] HP 12C Gold, Platinum, Prestige, 25th Anniversary Edition.

FORMATOS

Apertar [g] [D.MY][67], formato Dia/Mês/Ano, Introduza o dia pressione [.] introduza o mês e o ano. Ex.7 de abril de 2014

COM HP: [7] [.] [042014] [ENTER] = 7,042014.

Apertar [g] [M.DY][68], formato Mês/Dia/Ano (Default padrão) não utilizado no Brasil. Introduza o mês pressione [.] introduza o dia e o ano. Ex. 7 de abril de 2014 4.072014. COM HP: [4] [.] [72014] [ENTER] = 4,72014.

DATA FUTURA E PASSADA

Para saber datas futuras ou passadas é muito simples com a HP 12C[69]. Exemplo Introduza a data 21/05/2014 com um acréscimo de 45 dias.

COM HP: [21] [.] [052014] [ENTER] [45] [g] [DATE]. No visor vai aparecer [5.07.2014 6] indica que será 05 de julho de 2014, sábado.

Obs.: Se a data for passada pressione [CHS] o restante do processo é o descrito anteriormente.

A) Um empréstimo foi feito em 14 de maio de 2014 para pagar em 120 dias. Em que dia/mês/ano vence o prazo para pagamento? Pressione [g] [D.MY].

COM HP: [14] [.] [052014] [ENTER] [120] [g] [DATE] [11.09.2014 4] (quinta-feira).

B) Um CDB de 90 dias comprado em 04/01/2014 vence em que dia?

COM HP: [04] [.] [012014] [ENTER] [90]/ [g] [DATE] [4.04.2014 5] (sexta-feira).

---

[67] Dia Mês Ano (D.MY).
[68] Mês Dia Ano (M.DY).
[69] HP 12C Gold, Platinum, Prestige, 25th Anniversary Edition.

NÚMERO DE DIAS ENTRE DATAS

Para calcular a diferença entre duas datas é muito simples com HP 12C[70]. Introduza a data mais antiga pressione [ENTER] Introduza a data mais recente e pressione [g] [ΔDYS].

A) Quantos dias temos entre 03 de janeiro e 15 de abril de 2014? Pressione [g] [D.MY].

COM HP: [03] [.] [012014] [ENTER] [15] [.] [042014] [g] [ΔDYS] = 102 dias.

B) Quantos dias há entre 26/10/1966 e 26/01/2014?.

COM HP: [26] [.] [101966] [ENTER] [26] [.] [012014] [g] [ΔDYS] 17.259,00 dias.

OPERAÇÕES FINANCEIRAS

A HP 12C[71] não é preparada para calcular juros simples. Porém, adotando um determinado procedimento pode ser realizado. Na convenção para juros simples os cálculos são realizados na base de 360 e 365 dias simultaneamente. O tempo deve ser em dia e a taxa em anos. A tecla [f] [INT] calcula os juros em base de 360 dias, e as teclas [R↓] [X><Y] calcula em 365 dias ao teclar [+] tem-se o total acumulado.

 **Obs.: As teclas [n] [i] [PV] podem ser informadas em qualquer ordem.**

---

[70] HP 12C Gold, Platinum, Prestige, 25th Anniversary Edition.
[71] HP 12C Gold, Platinum, Prestige, 25th Anniversary Edition

CÁLCULO DE JUROS SIMPLES

$$J = \frac{PV \cdot i \cdot n}{100}$$

onde:

J = Juros

PV = Presente valor (capital emprestado ou investido)

i = taxa de juros

n = tempo em que o dinheiro ficou emprestado ou investido (geralmente em anos ou frações de anos)

O juro é a compensação pelo empréstimo de dinheiro e é necessário porque muitas pessoas preferem consumir imediatamente e estão dispostas a pagar um preço por isso. Aqueles que são capazes de esperar até ter a quantia necessária para adquirir o que desejam e emprestam essa quantia a alguém menos paciente deve ser recompensados por sua abstinência, levando em conta o tempo, o risco e a quantidade de dinheiro disponível no mercado para empréstimos.

Isso é conhecido como taxa de juros. Os juros são considerados simples quando são calculados apenas sobre o capital inicial, sem levar em conta os juros acumulados ao longo do tempo.

A) Qual o juro e montante em juros simples de R$ 45.000,00 emprestados por 60 dias a taxa de 7% a.a. Ano de 360 dias.

COM HP: [60] [n] [7] [i] [45.000] [CHS] [PV] [f] [INT] 525,00 [+] = 45.525,00.

Obs.: Para cálculo com base de 365 dias é muito simples é utilizada as teclas [R↓] [X><Y] ao teclar [+] tem-se o total acumulado.

B) Qual o juro produzido por R$ 152,00 em 04 meses na taxa de 2% a.m? (Taxa em anos [2] [g] [12x] = 24 a.a.)

COM HP: [152] [CHS] [PV] [120] [n] [24] [i] [f] [INT] 12,16 [+] = 164,16.

C) Qual os juros produzidos por R$ 50.000,00 com taxa 24% a.a. durante 7 meses?

(Meses em dia [7] [ENTER] [30] [x] = 210 dias]

COM HP: [50.000] [CHS] [PV] [24] [i] [210] [n] [f] [INT] 7.000 [+] = 57.000.

D) Quais os juros pagos e o montante sobre um capital de R$ 1.000,00 aplicados sobre uma taxa de 9% a.a. durante 66 dias?

COM HP: [1.000] [CHS] [PV] [9] [i] [66] [n] [f] [INT] 16,50 [+] 1.016,50.

E) Qual o juro produzido por um capital de R$ 1.245,00 a juros de 10% a.a. por 90 dias?

COM HP: [1.245] [CHS] [PV] [10] [i] [90] [n] [f] [INT] 31,13 [+] = 1.276,13.

CÁLCULO DO MONTANTE (FV)

O cálculo do montante (FV) em um investimento com juros compostos é dado pela fórmula:

$$FV = PV \cdot \left(1 + \frac{i}{100} \right)^n$$

Onde:

FV = Futuro valor

PV = Presente valor

i = Taxa de juros

n = Período

Essa fórmula assume que os juros são pagos apenas uma vez no final do período e não são reinvestidos.

A) Qual o montante acumulado em 24 meses a uma taxa de 2% a.m. no regime de juros simples com o saldo principal de R$ 2.000,00?.

COM HP: [2.000] [CHS] [PV] [24] [ENTER] [30] [x] [n] [2] [ENTER] [12] [x] [i] [f] [INT] 960,00 [+] = 2.960,00.

B) Qual o montante de uma aplicação de R$ 84.975,59 por 90 dias a taxa de 1,45% ao mês?

COM HP: [84.975,59] [CHS] [PV] [1] [n] [1,45] [ENTER] [30] [÷] [90] [x] [i] [FV] = 88.672,03.

CÁLCULO DO VALOR PRESENTE (PV)

O cálculo do valor presente (PV) envolve a determinação do valor atual de uma série de pagamentos futuros descontados a uma taxa de juros especificada. A fórmula geral para calcular o valor presente é:

$$PV = \frac{FV}{\left(1 + \frac{i}{100} \cdot n\right)}$$

Onde:

FV: Valor futuro, ou seja, o montante total dos pagamentos futuros que estão sendo avaliados

i: Taxa de juros por período

n: Períodos entre o momento presente e o momento em que o pagamento futuro será recebido

Essa fórmula pressupõe que os pagamentos futuros são iguais em cada período. Se os pagamentos não forem iguais, é necessário descontar cada pagamento individualmente e, em seguida, somá-los para obter o valor presente total. É importante lembrar que a taxa de juros utilizada para o cálculo do valor presente deve ser consistente com o tipo de fluxo de caixa que está sendo avaliado.

Por exemplo, se os pagamentos futuros são anuais, a taxa de juros deve ser uma taxa anual, e não uma taxa mensal ou trimestral.

A) Qual a aplicação que gerou montante de R$ 84.248,00 em 3 meses a taxa de 1,77% a.m.?

COM HP: [84,248] [CHS] [FV] [3] [n] [1,77] [ENTER] [3] [x] [i] [PV] = 79.928,24.

B) Qual a Aplicação capaz de gerar um montante de R$ 3.000,00 ao longo de 6 meses aplicado à taxa de 4% a.m.?

COM HP: [3.000] [CHS] [FV] [6] [n] [4] [i] [PV] = 2.370,94.

C) Qual o capital que deverá ser investido a juros de 2,1% a.m. para que possa em 5 meses totalizar R$ 1.000,00?

COM HP: [1.000] [CHS] [FV] [2.1] [i] [5] [n] [PV] = 901,30.

CÁLCULO DA TAXA (i)

Para calcular a taxa (i) em uma operação financeira, é necessário conhecer o valor presente (PV), o valor futuro (FV) e o prazo (n) da operação. A fórmula utilizada é a seguinte:

$$i = \frac{FV}{PV} - 1$$

Nessa fórmula é chamada taxa geométrica de crescimento, que representa a variação percentual média por período que transforma o valor presente no valor futuro, considerando a quantidade de períodos (n) da operação. Ao subtrair 1 dessa taxa, obtemos a taxa de juros simples equivalente a essa taxa geométrica.

Multiplicando o resultado por 100%, obtemos a taxa em termos percentuais. Vale lembrar que essa fórmula é válida apenas para o cálculo da taxa de juros simples em operações financeiras. Em casos mais complexos, como operações com juros compostos ou com fluxos de caixa irregulares, outras fórmulas e técnicas devem ser utilizadas.

A) Pedro pagou ao banco R$ 2,14 de juros por um dia de atraso na prestação de R$ 537,17. Qual a taxa mensal de juros do banco?

COM HP: [537,17] [ENTER] [2,14] [+] [CHS] [FV] [537,17] [PV] [1] [n] [i] [30] [x] = 11,95%.

B) Uma dívida de R$ 15,00 foi quitada com R$ 23,75 após 6 meses. Qual foi a taxa cobrada?

COM HP: [15] [CHS] [PV] [23,75] [FV] [6] [n] [i] = 7,96%.

C) Qual a taxa de juros mensal da aplicação de R$ 2.000,00 que resultou em juros de R$ 500,00 em 8 meses?

COM HP: [2.000] [ENTER] [500,00] [+] [CHS] [FV] [2,000] [PV] [8] [n] [i] = 2,83%.

CÁLCULO DO PRAZO (n)

O cálculo do prazo (n) depende da informação de pelo menos três outras variáveis: o valor presente (PV), o valor futuro (FV) e a taxa de juros (i). Podemos usar a fórmula geral do valor futuro (FV) para encontrar o prazo (n), como segue:

$$n = \frac{J}{PV \cdot i}$$

Essa fórmula nos dá o prazo necessário para que um investimento alcance determinado valor futuro, considerando uma taxa de juros conhecida e um valor presente.

A) Durante quanto tempo foi aplicado um capital de R$ 967,74 que gerou juros de R$ 226,45 a taxa de 1,5% a.m.?

COM HP: [226,45] [ENTER] [967,74] [+] [1194,19] [CHS] [FV] [967,74] [PV] [1,5] [i] [n] = 15 dias.

B) Sabendo-se que os juros de R$ 18,90 foram obtidos de uma aplicação de R$ 420,00, à taxa de 1,5% a.m, calcule o prazo dessa aplicação.

COM HP: [18,90] [ENTER] [420,00] [+] [438,90] [CHS] [FV] [420,00] [PV] [1,5] [i] [n]= 3 meses.

CÁLCULO DA PARCELA (PMT)

A fórmula para o cálculo da parcela (PMT) em um financiamento ou empréstimo é:

$$PMT = \frac{[PV \cdot (1 + i)^n] \cdot i}{[(1 + i)^n - 1]}$$

Onde:

PMT é o valor da parcela;

PV = Valor presente, ou seja, o valor do empréstimo ou financiamento;

I = Taxa de juros, expressa na mesma frequência do prazo (se mensal, a taxa deve ser mensal, se anual, a taxa deve ser anual);

n = Prazo total do empréstimo ou financiamento, também expresso na mesma frequência da taxa de juros.

A) Um veículo custa à vista R$ 30.000,00 para ser parcelado em 60x iguais, sem entrada, a uma taxa de juros de 2% a.m. qual será o valor de cada parcela?

COM HP: [30.000] [CHS] [PV] [2] [i] [60] [n] [PMT] = 863,04

B) Batatinha foi comprar uma bicicleta que custa R$ 850,00 à vista para ser parcelado em 10x e terá um custo de 5% a.m. qual será o valor da parcela mensal?

COM HP: [850] [CHS] [PV] [5] [i] [10] [n] [PMT] = 110,08

COEFICIENTES DE FINANCIAMENTO

$$CF = \frac{i}{1 - (1 + i)^{-n}}$$

Os financiamentos são usados por pessoas que querem adquirir uma moradia própria, dinheiro, carros, etc. As taxas de juros cobradas são variadas de acordo com cada instituição financeira, que trabalha da seguinte forma:

A pessoa vai a uma instituição financeira realiza um cadastro, onde irá informar seus dados pessoais e a quantia que precisa. A empresa ao analisar o cadastro decidirá pela aprovação ou não. Caso seja aprovado o crédito a instituição realiza um cálculo do valor das prestações mensais para a quitação da dívida.

Mas como é calculado o valor das prestações? Pode-se determinar o valor de uma prestação por meio da construção do coeficiente de financiamento que é o valor da prestação para compra de R$ 1,00.

Essa fórmula nos permite calcular o valor da prestação do empréstimo de acordo com a taxa de juros [i] e o período [n].

A) Suponhamos que uma pessoa queira financiar um carro no valor de R$ 10.000,00 financiado à taxa de 1,5% a.m. durante 12 meses. Qual o valor mensal da prestação? Para descobrir qual o coeficiente da prestação utilizando a HP 12C[72] é bem simples pressione [1] [CHS] [PV] [1,5] [i] [12] [n] [PMT] = 0,092. Multiplicando o valor do financiamento, R$10.000,00, pelo coeficiente de financiamento teremos o valor da prestação.

COM HP: [1] [CHS] [PV] [1,5] [i] [12] [n] [PMT] = 0,092 [ENTER] [10.000] [x] = 916,80. Logo, o valor da prestação será de R$ 916,80.

B) Encontre o coeficiente de financiamento para uma taxa de 5% a.m e prazo de 4 meses. COM HP:]1] [CHS] [PV] [5] [i] [4] [n] [PMT] = 0,282012

---

[72] HP 12C Gold, Platinum, Prestige, 25th Anniversary Edition

CÁLCULO DE JUROS COMPOSTOS

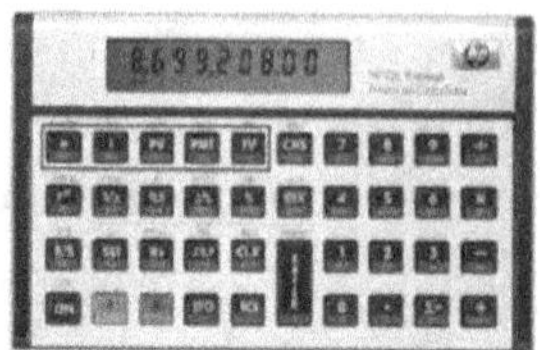

Como definido anteriormente Juros Simples é um cálculo efetuado sempre sobre o mesmo capital já os Juros composto quando capitaliza juros sobre juros, ou seja, o montante de um período se transforma em capital para o período seguinte.

Obs.: Indicador "C" [STO] [EEX] ativa [STO] [EEX] desativa, quando ativado indica a opção de cálculo de juros compostos nas parcelas fracionárias de períodos não inteiros.

Quando desativado indica que nas parcelas fracionárias de períodos não inteiros o cálculo no regime de juros compostos ocorrerá mediante juros simples.

No Brasil com taxas de juros elevadas os valores são muito diferentes quando ativo o Flag "C". Quando ativado indica que a série calculada é antecipada (primeira prestação paga no ato) quando desativado indica cálculos com séries postecipadas onde o pagamento da primeira prestação é diferido.

FLUXOS DE CAIXA ÚNICO CÁLCULO DO (PV)[73]

O cálculo do valor presente (PV) para fluxos de caixa único pode ser realizado utilizando a seguinte fórmula:

$$PV = \frac{FV}{(1 + i)^n}$$

onde:

PV = Valor presente

FV = Valor futuro

i = Taxa de juros

n = Períodos

Para entender melhor a fórmula, é importante saber que o valor presente é o valor atual de um fluxo de caixa futuro descontado a uma taxa de juros. Ou seja, se alguém tiver um valor futuro de R$ 1.000,00 para receber daqui a um ano, qual seria o valor presente deste dinheiro hoje? Vamos supor que a taxa de juros utilizada para descontar este valor seja de 10% ao ano. Aplicando a fórmula acima, temos:

COM HP: [1000] [CHS] [FV] [10] [i] [1] [n] [PV] = 909,09.

Portanto, o valor presente deste fluxo de caixa único de R$ 1.000,00 a uma taxa de 10% ao ano seria de R$ 909,09 hoje.

A) Qual o valor presente de um montante de R$ 300,00 recebido daqui a 1 ano capitalizado a 6% a.a.?

COM HP: [300] [CHS] [FV] [1] [n] [6] [i] [PV] = 283,02.

B) Um imóvel deverá render R$ 1.750,00 de aluguel por ano durante 5 anos. Se puder vendê-lo no final por R$ 54.000,00, quanto deverá pagar pelo imóvel para ganhar uma taxa de 12% a.a.?

COM HP: [5] [n] [12] [i] [1.750] [PMT] [54.000] [FV] [PV] = 36.949,41.

---

[73] Valor Presente (PV).

C) Quanto devo depositar hoje para obter R$ 100.000 após 15 meses sendo a taxa de juros de 1,75% a.m?

COM HP: [100.000] [FV] [15] [n] [1,75] [i] [FV] = 77.087,46.

VALOR FUTURO OU MONTANTE (FV)

O valor futuro ou montante (FV) é o valor que um investimento ou empréstimo terá no futuro, após ter sido acrescido dos juros ou rendimentos acordados. Esse cálculo é importante para determinar o valor que um investimento poderá gerar em um determinado período, ou para saber qual será o valor futuro de uma dívida ou empréstimo.

A fórmula para o cálculo do valor futuro ou montante (FV) é:

$$FV = PV \cdot (1 + i)^n$$

Onde:

PV = Valor presente ou principal investido ou emprestado

i = Taxa de juros ou rendimento acordado

n = Períodos de capitalização (geralmente em meses ou anos)

Essa fórmula assume que os juros ou rendimentos são compostos, ou seja, são adicionados ao valor investido ou emprestado periodicamente, gerando novos juros sobre o valor inicial mais os juros acumulados.

A) Qual o montante obtido por um investidor que aplica R$ 800,00 a 6% a.a. durante 5 anos?

COM HP: [800] [CHS] [PV] [6] [i] [5] [n] [FV] = 1.070,58.

B) Qual o montante obtido por um investidor que aplica R$ 1.800,00 a 9% a.a. durante 6 anos?

COM HP: [1800] [CHS] [PV] [9] [i] [6] [n] [FV] = 3018,78.

TAXA DE JUROS (i)

Taxa de juros (i) é a remuneração cobrada por quem empresta o dinheiro, expressa em uma porcentagem do valor emprestado. É a taxa utilizada para calcular os juros ao longo do tempo em um investimento ou empréstimo. Ela pode ser definida como uma taxa nominal, que é a taxa contratada no início do período, ou como uma taxa efetiva, que inclui o efeito da capitalização dos juros.

A) Recebi R$ 141.852,00 após 6 meses por ter aplicado R$ 100.000,00. Qual a taxa de juros ganha?

COM HP: [141.852] [CHS] [FV] [6] [n] [100.000] [PV] [i] = 6%.

B) Batatinha aplicou R$ 420,00 por um prazo de 3 meses e obteve um rendimento de R$ 18,90. Qual a taxa de juros mensal correspondente a essa aplicação?

COM HP: [420,00] [ENTER] [18,90] [+] [FV] [420,00] [CHS] [PV] [3] [n] [i] = 1,47 % a.m.

PRAZOS (n)

O prazo, no contexto financeiro, se refere ao período durante o qual ocorrem os fluxos de caixa de um investimento ou financiamento. Geralmente, é medido em anos, mas pode ser expresso em meses, dias ou outras unidades de tempo, dependendo da situação.

O prazo é importante para o cálculo de juros compostos e para avaliar a viabilidade de um projeto financeiro a longo prazo.

A) Uma aplicação de R$ 10.000,00 permitiu resgatar R$ 10.689,12. Sendo a taxa de 1,68% a.m, por quanto tempo o dinheiro esteve aplicado?

COM HP: [10.000] [CHS] [PV] [1,68] [i] [10.689,12] [FV] [n] = 4 meses.

B) Sabendo-se que os juros de R$ 58,90 foram obtidos de uma aplicação de R$ 520,00, à taxa de 1,5% a.m, calcule o prazo dessa aplicação. COM HP:58,90 [ENTER] 520,00 [+] [CHS] [FV] 520,00 [PV] 1,5 [i] [n] = 8 meses.

EXERCÍCIOS DE NIVELAMENTO

A) Qual o juro produzido por R$ 152,00 em 4 meses na taxa de 2% ao mês?
R: 12,53.

B) Qual o capital necessário para produzir um montante de R$ 10.000,00 daqui a 6 meses, a uma taxa mensal de 12% a.m no regime de juros simples?
R: 5.066,31.

C) Qual a taxa de juros simples que faz um capital de R$ 1000,00 se transformar em um montante de R$ 1.500,00 daqui a 20 meses? R: 2,05% ao mês.

D) Calcular o valor futuro de uma aplicação de R$ 15.000,00 a 2,5% a.m em 17 meses? R. 22.824,27.

E) Durante quanto tempo uma aplicação de R$ 26.564,85 se transforma em R$ 45.562,45 a uma taxa de 0,98% a.m? R: 56 meses.

F) Qual a taxa de juros mensal para um capital de R$ 2.500,00 produzir R$ 4.489,64 em um ano? R: 5%.

FUNÇÃO ESTATÍSTICA

A HP 12C [74] permite realizar cálculos estatísticos com uma ou duas variáveis. A introdução dos dados é feita por intermédio da tecla [∑+]. Cada vez que a tecla [∑+] é pressionada, a HP 12C[75] automaticamente efetua cálculos estatísticos com os dados e armazena os resultados nos registradores de R1 a R6.

Obs.: A correção de dados inseridos erroneamente é feita apertando [g] [∑-] e inserindo o dado correto e apertando em seguida [∑+].

MÉDIA ARITMÉTICA

A média aritmética é um cálculo que consiste na soma de um conjunto de valores dividido pelo número total de valores desse conjunto. É uma medida estatística comum e simples que pode ser usada para representar o valor central de um conjunto de dados. A fórmula da média aritmética é:

$$\text{Média aritmética} = \frac{(\text{Soma dos valores})}{(\text{Número de valores})}$$

Por exemplo, se tivermos os valores 4, 7, 9 e 12, podemos calcular a média aritmética da seguinte forma:

Média aritmética = (4 + 7 + 9 + 12) / 4

Média aritmética = 32 / 4

Média aritmética = 8

Portanto, a média aritmética desses valores é igual a 8.

---

[74] HP 12C Gold, Platinum, Prestige, 25th Anniversary
[75] HP 12C Gold, Platinum, Prestige, 25th Anniversary

A) Seja a seguinte amostra de dados: 5, 8, 6, 4, 3 e 9. Calcule a média.

COM HP: [5] [∑+] [8] [∑+] [6] [∑+] [4] [∑+] [3] [∑+] [9] [∑+] [g] [$\bar{x}$] = 5,83

B) Seja a seguinte amostra de dados: 100, 120, 128 e 145. Calcule a média.

COM HP: [100] [∑+] [120] [∑+] [128] [∑+] [145] [∑+] [g] [$\bar{x}$] = 123,25

C) O quadro abaixo mostra as horas por semana trabalhadas e as vendas por mês. Calcule a média de horas e vendas por mês.

Vendedor	Horas	Venda Mês
01	32	17.000,00
02	40	25.000,00
03	45	26.000,00
04	40	20.000,00
05	38	21.000,00
06	50	28.000,00
07	35	15.000,00

COM HP: [32] [ENTER] [17.000] [∑+] [40] [ENTER] [25.000] [∑+] [45] [ENTER] [26.000] [∑+] [40] [ENTER] [20.000] [∑+] [38] [ENTER] [1.000] [∑+] [50] [ENTER] [28.000] [∑+] [35] [ENTER] [15.000] [∑+] [g] [$\bar{x}$] = 21, 714.29.

Essa é a média das vendas e em seguida aperte

[X><Y] = 40,00 será a média de horas trabalhadas.

A) Calcular a média de retorno das ações da Empresa X no período de 2010 a 2014 conhecendo os seus retornos estimados para esses anos:

Ano	Retorno
2010	8%
2011	10%
2012	12%
2013	14%
2014	16%

COM HP: [8] [∑+] [10] [∑+] [12] [∑+] [14] [∑+] [16] [∑+] [g] [$\bar{x}$] = 12%, é a média da percentagem do ano de 2010 à 2014.

MÉDIA PONDERADA

A média ponderada é uma medida de tendência central que leva em consideração a importância de cada valor em um conjunto de dados. Ela é calculada multiplicando cada valor pelo seu peso (ou fator de ponderação) correspondente, somando os resultados e dividindo pelo somatório dos pesos. A fórmula para calcular a média ponderada é:

$$\text{Média ponderada} = \frac{(valor1 \times peso1 + valor2 \times peso2 + \ldots)}{(peso1 + peso2 + \ldots)}$$

A) Seja calcular o retorno médio esperado de um ativo com base nas estimativas abaixo:

Estimativa	Retorno	Probabilidade
Pessimista	10%	0,30
Mais Provável	12%	0,50
Otimista	15%	0,20

COM HP: [10] [ENTER] [0,30] [Σ+] [12] [ENTER] 0,50 [Σ+] [15] [ENTER] [0,20] [Σ+] [g] [$\overline{x}w$] = 12%

B) Calcule o retorno médio dos ativos A e B com os dados abaixo:

Estimativa de Retorno	Ativo A		Ativo B	
	Retorno	Probabilidade	Retorno	Probabilidade
Pessimista	13	0,25	07	0,25
Mais Provável	15	0,50	15	0,50
Otimista	17	0,25	23	0,25

COM HP: A: [13] [ENTER] [0,25] [Σ+] [15] [ENTER] [0,50] [Σ+] [17] [ENTER] [0,23] [Σ+] [g] [$\overline{x}w$] = 15%

COM HP: B: [7] [ENTER] [0,25] [Σ+] [15] [ENTER] [0,50] [Σ+] [23] [ENTER] [0,25] [Σ+] [g] [$\overline{x}w$] = 15%. Portanto 15% para A e B.

C) Calcular o retorno médio dos ativos abaixo:

Estimativa de Retorno	Ativo X		Ativo Y	
	Retorno	Probabilidade	Retorno	Probabilidade
Pessimista	28	0,30	8	0,30
Mais provável	14	0,40	12	0,40
Otimista	-4	0,30	7	0,30

COM HP: X:[28] [ENTER] [0,30] [$\sum$+] [14] [ENTER] [0,40] [$\sum$+] [-4] [ENTER] [0,30] [$\sum$+] [g] [$\overline{x}$w] = 12,80%

COM HP: Y: [8] [ENTER] [0,30] [$\sum$+] [12] [ENTER] [0,40] [$\sum$+] [7] [ENTER] [0,30] [$\sum$+] [g] [$\overline{x}$w] = 9,30%. Portanto 12,80% para X e 9,30% para Y.

DESVIO PADRÃO AMOSTRAL

O desvio padrão de um conjunto "N" de números $x_1, x_2, x_3......,x_n$ é uma medida de dispersão em torno da média. A HP 12C[76] está programada para calcular o desvio padrão amostral do conjunto "N" considerando como sendo uma amostra da população.

A) Seja a seguinte amostra de dados: 5, 8, 6, 4, 3 e 9. Calcule o desvio padrão.
COM HP: [5] [$\sum$+] [8] [$\sum$+] [6] [$\sum$+] [4] [$\sum$+] [3] [$\sum$+] [9] [$\sum$+] [g] [s] = 2,32.
B) Seja a seguinte amostra 100, 120, 128, 145. Calcule o desvio padrão.
COM HP: [100] [$\sum$+] [120] [$\sum$+] [128] [$\sum$+] [145] [$\sum$+] [g] [s] = 18,68.

DESVIO PADRÃO POPULACIONAL

A HP 12C[77] não possui uma tecla específica para calcular o desvio padrão populacional. Então, para calcular utiliza-se de um artifício para que o denominador

---

[76] HP 12C Gold, Platinum, Prestige, 25th Anniversary.
[77] HP 12C Gold, Platinum, Prestige, 25th Anniversary.

da fórmula do cálculo do desvio padrão assuma o valor "N" e não "N-1", como é o caso do desvio padrão amostral.

Para isto, insere-se a média do conjunto de dados como sendo um novo dado, desta forma o numerador não se altera e no denominador teremos um dado na amostra que deduzido da unidade ((N+1) - 1) será igual ao próprio "N". Para cálculo do desvio padrão populacional o seguinte roteiro deve ser seguido conforme dado anterior:

COM HP: [100] [Σ+] [120] [Σ+] [128] [Σ+] [145] [Σ+] [g] [s] = 18,68 [g] [$\bar{x}$] [Σ+] [g] [s] = 16,18. Portanto 18,68 é o desvio padrão amostral e 16,18 é o desvio padrão populacional.

FLUXOS DE CAIXA REGULAR (ANUIDADES)

Fluxos de caixa regulares, também conhecidos como anuidades, referem-se a uma série de pagamentos ou recebimentos que ocorrem em intervalos regulares, como mensal, trimestral, semestral ou anual.

A fórmula para o cálculo do valor presente (PV) e do valor futuro (FV) de uma anuidade é um pouco diferente da fórmula para fluxos de caixa único. Essas fórmulas são úteis para o cálculo de empréstimos, financiamentos, investimentos, entre outros.

É importante lembrar que, ao utilizar essas fórmulas, é preciso garantir que as unidades de tempo utilizadas para a taxa de juros e para o número de períodos sejam as mesmas das parcelas da anuidade (mensal, trimestral, etc.).

VALOR PRESENTE DE FLUXOS REGULAR (PV)

Para o cálculo do valor presente de uma anuidade, utilizamos a seguinte fórmula:

$$PV = PMT \cdot \frac{1 - (1 + i)^{-n}}{i}$$

Onde:

PMT = Valor da parcela

i = Taxa de juros por período

n = Número total de períodos

A) Qual o valor presente de um fluxo de R$ 700,00 anuais descontados a 8% em 5 anos?

0	700	700	700	700	700
	1	2	3	4	5

COM HP: [700] [PMT] [8] [i] [5] [n] [PV] = 2.794,90.

Obs.: Se a anuidade for antecipada, deve-se utilizar a HP 12C[78] em [g] [BEG].

B) Quanto pegarei emprestado se vou pagar 6 prestações de 1.500,00 a taxa de 3,5% ao mês?

0	1500	1500	1500	1500	1500	1500
	1	2	3	4	5	6

COM HP: [1.500] [PMT] [3,5] [i] [6] [n] = 7.992,83.

Obs.: Se a anuidade for antecipada, deve-se utilizar a HP 12C[79] em [g] [BEG]

---

[78] HP 12C Gold, Platinum, Prestige, 25th Anniversary.
[79] HP 12C Gold, Platinum, Prestige, 25th Anniversary.

C) Quanto eu devo pegar emprestado hoje para gerar parcelas de R$ 560,00 se vou pagar em 9 prestações com juros de 3,5%?

0	560	560	560	560	560	560	560	560	560
	1	2	3	4	5	6	7	8	9

COM HP: [560] [PMT] [3,5] [i] [9] [n] [PV] = 4.260,30.

VALOR FUTURO DE FLUXO REGULAR (FV)

Para o cálculo do valor futuro de uma anuidade, utilizamos a seguinte fórmula:

$$FV = PMT \cdot \frac{(1 + i)^{n} - 1}{i}$$

Onde:

PMT = Valor da parcela

i = Taxa de juros por período

n = Número total de períodos

A) Quanto se pode obter no fim de 5 anos com aplicações anuais de R$ 1.000,00 em uma poupança que paga 7% a.a.? O Esquema que representa o fluxo de caixa da anuidade ordinária ao longo do tempo.

	1000	1000	1000	1000	1000
0	1	2	3	4	5

COM HP: [1.000] [PMT] [7] [i] [5] [n] [FV] = 5.750,73

 **Obs.: Se a anuidade for antecipada, deve-se utilizar a HP 12C[80] em [g] [Beg]**

---

[80] HP 12C Gold, Platinum, Prestige, 25th Anniversary.

B) Beatriz faz depósitos mensais de R$ 100,00 sendo a taxa de 0,8% a.m. quanto ela terá no fim de 30 anos?

COM HP: [30,00] [ENTER] [12] [x] [360,00] [n] [0,8] [i] [100,00] [PMT] [FV] = 207.641,32.

C) Batatinha deposita R$ 125,00 mensalmente em uma poupança sendo a taxa de 0,5 ao mês quanto ele terá daqui a 45 anos.

COM HP: [45,00] [ENTER] [12] [x] [540,00] [n] [0,5] [i] [125,00] [PMT] [FV] = 344.499,08.

PMT[81] DE FLUXO REGULAR COM VALOR PRESENTE

A fórmula para calcular o valor da parcela (PMT) de um fluxo de caixa regular com valor presente (PV) é:

$$PMT = PV \cdot \frac{i \cdot (1+i)^{n)}}{(1+i)^{n} - 1}$$

Onde:

PV = valor presente

i = taxa de juros por período

n = número de períodos

PMT = valor da parcela (pagamento)

Essa fórmula leva em consideração o valor presente do fluxo de caixa regular e calcula o valor da parcela necessária para liquidar todo o saldo devedor ao final do prazo estabelecido.

A) Um veículo está sendo comercializado a vista por R$ 38.900,00. Qual o valor das prestações se comprado em 36 vezes a juros de 3,5% a.m?

COM HP: [38.900,00] [PV] [3,5] [i] [36] [n] [PMT] = 1.917,15.

---

[81] Prestações (PMT).

B) Batatinha foi a uma concessionária comprar uma motocicleta. A moto que ele gostou custa à vista 12.890,00. Qual o valor das prestações se ele comprar em 15 vezes a juros de 2,5% a.m.?

COM HP: [12.890,00] [PV] [2,5] [i] [15] [n] [PMT] = 1.041,08.

C) Um produto comercializado a vista por R$ 500,00. Qual a prestação se comprado em 05 vezes a juros de 5% a.m.?

COM HP:500,00 [PV] 5 [i] 5 [n] [PMT] = 115,49.

PMT[82] DE FLUXO REGULAR COM VALOR FUTURO.

Para calcular o valor da parcela (PMT) de um fluxo de caixa regular com valor futuro, utiliza-se a seguinte fórmula:

$$PMT = \frac{FV \cdot i}{(1 + i)^n - 1}$$

Onde:

FV = valor futuro do fluxo de caixa;

i = Taxa de juros por período;

n = Número total de períodos.

Essa fórmula permite determinar o valor da parcela necessária para alcançar um determinado valor futuro, considerando a taxa de juros e o número de períodos.

A) O pai de Marta chegou à conclusão que daqui a 120 meses quando ela completa 18 anos para cursar a faculdade vai precisar de R$ 350.000,00 para custear o curso. Qual o valor dos depósitos mensais a taxas 2% a.m. para conseguir tal valor.

COM HP: [350.000,00] [FV] [2] [i] [120] [n] [PMT] = 716,83.

B) Qual o valor dos depósitos mensais para obter 5.000,00 daqui 7 meses com taxas de 2,5% a.m.

COM HP: [5.000] [CHS] [FV] [2,5] [i] [7] [n] [PMT] = 662,48.

---

[82] Parcelas

C) Nathalia vai se casar daqui a 18 meses ela fez um orçamento e vai precisar de R$ 85.000,00 para fazer a festa. Quanto ela precisa poupar mensalmente a uma taxa de 0.9% a.m. para no final do período ela ter em caixa o referido valor?

COM HP: [85.000] [CHS] [FV] [0,9] [i] [18] [n] [PMT] = 4.371,22

TAXA INTERNA DE RETORNO EM FLUXOS REGULAR

A TIR[83] é a taxa que torna o VPL[84] igual a zero, ou seja, é a taxa de desconto que faz com que as somas dos fluxos de entrada de caixa tenham valor igual a soma do valor das saídas de caixa, ou ainda, é a taxa que sendo usada para descontar os fluxos de entrada e saídas torna o resultado nulo. Pode ser calculada manualmente, porém o grau de dificuldade é muito grande. Dessa forma o melhor é recorrer a HP 12C[85].

Entradas

	0	4.000	4.000	0		6.000
0	1	2	3	4	5	6
11.000					2.144	

Saídas

No exemplo acima: Entradas = R$ 14.000,00 e Saídas = R$ 13.144,00. A TIR[86] é a taxa que faz com que o valor presente das entradas de caixa seja igual ao valor do investimento inicial mais o valor presente das demais saídas (investimentos). Em outras palavras é a taxa que torna o VPL[59] dos fluxos igual a zero.

---

[83] Taxa Interna de Retorno.
[84] Valor Presente Líquido.
[85] HP 12C Gold, Platinum, Prestige, 25th Anniversary Edition.
[86] Taxa Interna de Retorno.

Legenda:

[IRR] TIR[87]

[CFo] Capital inicial.

[CFj] Fluxos de caixa.

[Nj] Repete valores no fluxo.

 **Obs.: Se negativo saída caixa.**

COM HP: [f] [CLx] (Limpou os registradores)

```
11.000 [CHS]  [g]   [Cfo]
       [0]    [g]   [Cfj] 4.000  [g]  [Cfj]
       [2]    [g]   [Nj]
       [0]    [g]
       [Cfj]
       [2.144] [CHS] [g]   [Cfj] [6.000]  [g]  [Cfj]
       [f]  [IRR]  = 2%
```

A) Um investidor recebeu uma proposta para entrar como sócio na empresa X que fez a seguinte previsão de lucro: 1º mês - R$ 5.700,00

2º mês - R$ 6.300,00

3º mês - R$ 7.200,00

4º mês - R$ 7.200,00

Sabendo-se que o capital inicial investido por ele seria de R$ 20.000,00 calcule a TIR[88] desse investimento.

---

87 Taxa Interna de Retorno.
88 Taxa Interna de Retorno.

Fluxo do investimento:

Entradas

	5700	6300	7200	7200
0	1	2	3	4

20,000

Saídas

COM HP: [f] [CLx] (Limpou os registradores)

20.000 [CHS] [g] [CF0] (Sinal negativo saída de caixa)

5.700 [g] [Cfj][89] (Entrada de caixa)

6.300 [g] [CFj] (Entrada de caixa)

7.200 [g] [CFj] (Entrada de caixa)

2 [g] [Nj][90] (Repete entrada anterior)

[f] [IRR][91] 11,57% a.m. (Taxa Interna de Retorno)

Obs.: A taxa encontrada foi a mensal, pois informamos os valores das parcelas em períodos mensais.

---

[89] Taxa Interna de Retorno.
[90] Taxa Interna de Retorno.
[91] Taxa Interna de Retorno.

SISTEMAS DE AMORTIZAÇÃO

A necessidade de recursos obriga aqueles que querem fazer investimentos a assumir empréstimos que são pagos com juros que varia de acordo com contratos estabelecidos entre as partes.

A forma de pagamento desses empréstimos é denominada amortizações. Existem quatro tipos de Sistemas de Amortização:

SISTEMA AMERICANO (BOND) - Usado nos empréstimos internacionais.

SISTEMA PRICE - As prestações são constantes (Sistema mais usado).

SISTEMA SAC - As amortizações são constantes.

SISTEMA MISTO - É a mistura dos sistemas Price e SAC.

Demonstrativos são quadros ou tabelas que permite o devedor (ou o credor) conhecer a cada período a situação atual da dívida (total pago e o saldo devedor). Em todos os demonstrativos devem constar:

(n) Períodos	(PMT) Prestação	(J) Juros	(A) Amortização	Saldo Devedor

SISTEMA AMERICANO (BOND)

Os juros são pagos periodicamente e o valor do empréstimo é quitado no final do prazo estipulado. Considere um empréstimo de R$ 100.000,00 feito à taxa de 10% a.m. pelo prazo de 03 meses. Qual será o desembolso mensal do devedor se o empréstimo for feito pelo sistema BOND com os juros pagos mensalmente. Demonstrativo:

(n) Período	(PMT) Prestação	(J) Juros	(A) Amortização	Saldo Devedor
0	0	0	0	100.000,00
1	10.000,00	10.000,00	0	100.000,00
2	10.000,00	10.000,00	0	100.000,00
3	110.000,00	10.000,00	100.000,00	0

SISTEMA PRICE

A carência é o período que vai da data de concessão do empréstimo até a data que será paga a primeira prestação. Porém se as prestações forem postecipadas[92] já está implícito um período de carência.

A) Um empréstimo de R$ 200.000,00 será pago pelo sistema price em 04 parcelas mensais postecipadas[93] com um período de carência de 02 meses em que seriam pagos unicamente os juros contratados de 10%. Construir a Planilha de Amortização.

Exemplo:

COM HP: [200.000] [CHS] [PV] [10] [i] [4] [n] [PMT] = 63.094,16

(n) Período	(PMT) Prestação	(J) Juros	(A) Amortização	Saldo Devedor
0	0	0	0	200.000,00
1	20.000,00	20.000,00	0	200.000,00
2	20.000,00	20.000,00	0	200.000,00
3	63.094,16	20.000,00	43.094,16	156.905,84
4	63.094,16	20.000,00	47.403,58	109.502,26
5	63.094,16	10.959,23	52.143,93	57.358,33
6	63.094,16	5.735,83	57.358,33	0

B) Para comprar um apartamento Beatriz fez um empréstimo bancário de R$ 40.000,00 a ser pago em 60 meses, a uma taxa de 1,25% a.a. calcule o valor das prestações, dos juros e do total amortizado no primeiro, segundo e terceiro ano, separadamente, usando a HP 12C[94].

---

[92] Pagas no Final do Período.

[93] Pagas no Final do Período.

[94] HP 12C Gold, Platinum, Prestige, 25th Anniversary Edition.

Solução:

COM HP: [40.000] [CHS] [PV] [60] [n] [1,25] [i] [PMT] = 951,60 (Não limpe os registros)

12 [f] [AMORT][95] 5.611,45 [X><Y][96]   5.807,75

12 [f] [AMORT][97] 4.677,84 [X><Y][98]   6.741,36

12 [f] [AMORT][99] 3.594,13 [X><Y][100]   7.825,07

[RCL] [PV][101]   19.625,82

AMORTIZAÇÕES CONSTANTES - SAC[102]

Neste sistema o devedor paga o empréstimo em prestações que incluem em cada uma delas, uma amortização constante + juros sobre o saldo devedor. As amortizações são calculadas por:

$$A \quad \frac{VP}{n}$$

Considerando mais uma vez o empréstimo de R$ 100.000,00, feito à taxa de 10% a.m. por quatro meses, agora devendo ser pago pelo sistema SAC[103], fazer um demonstrativo do estado da dívida nesses quatro meses.

---

[95] Juros no Primeiro Ano.
[96] Amortizado no Primeiro Ano.
[97] Juros no Segundo Ano.
[98] Amortizado no Segundo Ano.
[99] Juros no Segundo Ano.
[100] Total Amortizado no Terceiro Ano.
[101] Quanto Falta a Ser Amortizado.
[102] Sistema de Amortização Constante.
[103] Sistema de Amortização Constante.

Solução:

$$A = \frac{VP}{n} = \frac{100.000,00}{4} \qquad A = 25.000,00$$

(n) Períodos	(PMT) Prestação	(J) Juros	(A) Amortização	Saldo Devedor
0	0	0	0	100.000,00
1	35.000,00	10.000,00	25.000,00	75.000,00
2	32.500,00	7.500,00	25.000,00	50.000,00
3	30.000,00	5.000,00	25.000,00	25.000,00
4	27.500,00	2.500,00	25.000,00	0

A) Um empréstimo de R$ 200.000,00 será pago pelo Sistema SAC[104] em 03 parcelas mensais postecipadas[105] com um período de carência de 3 meses. As amortizações serão calculadas sobre o valor inicial emprestado mais os juros capitalizados durante a carência. Considerando uma taxa de juros contratada de 10% a.m. construir a planilha de amortização.

Solução:

Devemos capitalizar o saldo devedor do empréstimo até o início do 3º mês, período da carência entendido no exercício. Mas este momento é também o final do 2º período. Assim $SD^3 = 200.000,00 \times (1 + 0,10)^2 = 242.000,00$.

Lembre-se: que quando as prestações forem postecipadas a carência na verdade são apenas 02 períodos o período restante é a carência implícita numa série postecipadas.

---

[104] Sistema de Amortização Constante.
[105] Pagas no Final do Período.

Agora:

$$A \quad \frac{VP\ 242.000,00}{n \quad 3} \qquad A= \quad 80.666,67$$

(n) Período	(PMT) Prestação	(J) Juros	(A) Amortização	Saldo Devedor
0	0	0	0	200.000,00
1	0	20.000,00	0	220.000,00
2	0	20.000,00	0	242.000,00
3	104.866,67	24.200,00	86.666,67	161.333,33
4	96.800,00	16.133,33	86.666,67	80.666,67
5	88.733,34	8.066,67	86.666,67	0

PROGRAMAÇÃO HP 12C

Quando se efetua uma sequência qualquer de cálculos e essa terá que ser repetida constantemente como por exemplo um cálculo completo de uma aplicação em CDB[106] essa série de operações pode ser gravada na HP 12C[107] do mesmo modo que é executada chamando isso de programação.

O primeiro passo é passar a HP 12C[108] do modo RUN[109] para o modo programação, pressionando [f] [P/R][110] aparecera no visor [PRGM], indica que a HP 12C[111] está em modo de programação. Em seguida pode ser introduzida na memória de programação a sequência de teclas, da mesma maneira como se estivesse calculando no modo RUN[112].

---

[106] Certificado Depósito Bancário (CDB).
[107] HP 12C Gold, Platinum, Prestige, 25th Anniversary Edition.
[108] HP 12C Gold, Platinum, Prestige, 25th Anniversary Edition.
[109] Modo Normal de Cálculo.
[110] Coloca a HP 12C em modo programação.
[111] HP 12C Gold, Platinum, Prestige, 25th Anniversary Edition.
[112] Modo Normal de Cálculo.

Cada dígito ou tecla de função é chamado instrução e completada constitui um passo ou linha de programação. Terminada a entrada do programa, pressiona-se imediatamente [f] [P/R][113] para voltar a HP 12C[114] ao modo RUN[115].

Obs.: Nunca deixe a HP 12C[116] no modo de programação além do tempo necessário à introdução ou alteração de um programa, pois uma tecla pressionada involuntariamente pode alterar o programa gravado.

Existem várias funções e recursos de programação, como:

[R/S]: Do inglês RUN/STOP, solicita ou interrompe a execução de um programa;

[f] [P/R]: Do inglês PROGRAM/RUN, colocada a HP 12C[117] no modo de programação (PROGRAM) ou de execução (RUN)[118];

[g] [PSE]: Do inglês PAUSE, fornece uma pausa de cerca de 1 segundo na execução do programa;

[f] [PRGM]: Do inglês CLEAR PROGRAMS, limpa os programas registrados na memória da HP 12C[119];

[g] [GTO]: Do inglês GO TO, executa um desvio de rotina em programa, com instrução do tipo "vá para";

[SST]: Do inglês STEP, executa o programa passo a passo;

[g] [BST]: Do inglês BACK STEP, volta um passo na execução do programa.

As funções de programação podem ser mais bem explicitadas nos exemplos fornecidos a seguir.

---

[113] Coloca a HP 12C em modo programação.
[114] HP 12C Gold, Platinum, Prestige, 25th Anniversary Edition
[115] Modo Normal de Cálculo.
[116] HP 12C Gold, Platinum, Prestige, 25th Anniversary Edition.
[117] HP 12C Gold, Platinum, Prestige, 25th Anniversary Edition
[118] Modo Normal de Cálculo.
[119] HP 12C Gold, Platinum, Prestige, 25th Anniversary Edition

CONVERSÕES DE VALORES DE US$ PARA R$

Uma loja que trabalha com artigos importados codifica todos os seus preços em dólares. Porém durante qualquer operação de compra ou cotação de preço por telefone é necessário que o preço fornecido seja dado em real. Programa para conversão de valores U$$ para R$. COM HP:

Teclas Visor Descrição

[f] [P/R] [000] Entra modo programação.

[f] [PRGM] [000] Limpa programas anterior.

[RCL] [1]   [001 45 1] Recupera valor registro

[1] [x]   [002 20] Multiplica.

[g] [GTO]   [002 20] 1ª linha do programa.

[f] [P/R] [0,00] Encerra modo programação.

Antes de rodar o programa, é necessário armazenar o valor da cotação do dólar no registrador [1]. Por exemplo imagine que a cotação do dólar seja igual a 1,98. Qual é o valor em reais de uma mercadoria com preço igual a US$7,20?

Com o programa abastecido, basta fazer. COM HP:

1,98 [STO] [1][120]

7,20 [ENTER][121]

[R/S][122]

[14,2560][123] [Visor]

Para rodar outras vezes o programa, basta pressionar a tecla [R/S].

Exercício 01:

Com o programa anterior abastecido e supondo a cotação do dólar igual a 1,856, converta os seguintes valores para reais.

---

[120] Armazena a Cotação do Dólar no Registrador [1]
[121] Entra com o Preço em Dólar.
[122] Roda o Programa, Convertendo US$ em R$.
[123] US$ 7,20 Convertido para R$, com Cotação de 1,98.

A) 4,80

B) 12,53

C) 78,45

D) 91,11

Solução:

[1.856] [STO] [1]

A) 4,80 [R/S] = 8,91

B) 12,53 [R/S] = 23,26

C) 78,45 [R/S] = 145,60

D) 91.11[R/S] = 169,10

ATUALIZAR SALDO CONTA CORRENTE

Programa para atualizar constantemente o seu saldo bancário em decorrência de qualquer movimentação na sua conta corrente (Depósitos ou retiradas). COM HP:

Teclas   Visor

[f] [P/R][124] [000.]

[f] [PRGM][125] [000.]

[STO] [+] [1][126] [001. 44 40   1]

[RCL] [1][127] [002. 45   1]

[g] [GTO][128] [002 45   1]

[f] [P/R][129] [0,00]

---

[124] Entra no Modo de Programação.
[125] Limpa os Programas Existentes.
[126] Acrescenta o Valor no Registrador [1].
[127] Recupera o Valor no Registrador [1].
[128] Volta a Primeira Linha do Programa.
[129] Encerra o Modo de Programação.

Para isso deve ser abastecido o saldo inicial no registrador 1. Qualquer movimentação (com o sinal de positivo ou negativo) seria atualizada no saldo mediante o uso da tecla [R/S]. Por exemplo para um saldo inicial igual a R$ 56,00 calcule os saldos finais após as seguintes movimentações:

A) um depósito de R$ 68,00;

B) um saque de R$ 34,00.

Com o programa abastecido, basta fazer:

56 [STO] [1][130]

68 [R/S][131] = 124,00

34 [CHS] [R/S][132] = 90,00

TAXA EFETIVA QUALQUER NÚMERO DE DIAS

A taxa efetiva para qualquer número de dias é a taxa de juros que é aplicada a um empréstimo ou investimento durante um período específico, geralmente expresso em dias. Essa taxa leva em consideração o efeito do tempo, ou seja, o fato de que os juros são acumulados diariamente ou em qualquer outra frequência específica.

Por exemplo, um empréstimo de R$ 1.000,00 seja feito a uma taxa de 10% a.a. A taxa nominal anual é de 10%, mas se a taxa de juros for aplicada diariamente, a taxa efetiva será maior do que 10%, devido ao efeito dos juros compostos. Para calcular a taxa efetiva diária, é necessário dividir a taxa nominal anual por 365 (ou pelo número de dias do ano), o que resultaria em 0,027%. Esse é o percentual diário de juros que seria aplicado ao empréstimo.

Em geral, a taxa efetiva para qualquer número de dias é importante para quem está emprestando ou investindo dinheiro, pois permite que se saiba

---

[130] Armazena o Saldo Inicial no Registrador [1].
[131] Acrescenta o Valor do Depósito Novo Saldo.
[132] Soma o Valor do Saque (Tecla Negativo [CHS]).

exatamente quanto de juros será ganho ou pago por dia. Isso pode ser particularmente útil em negociações de curto prazo, como empréstimos de um dia.

COM HP:

Teclas   Visor   Descrição

[f] [P/R] [000] Abriu o programa

[f] [PRGM] [000] Limpou programa

[RCL] [i] [001 45 12]

[1]   [002 1]

[0]   [003 0]

[0]   [004 0]

[÷]   [005 10]

[1]   [006 1]

[+]   [007 40]

[RCL] [n] [008 45 11] [Yˣ] [009 21] [1]   [010 1]

[-]   [011 30]

[1]   [012 1]

[0]   [013 0]

[0]   [014 0]

[x]   [015 20]

[ON]   Desligou e gravou o programa

Testando o programa

1º Teste: Se eu tenho uma taxa mensal de 1,80% e quero saber a taxa equivalente anual. Lembre-se:

Eu quero para 360 dias

Eu tenho a taxa de 30 dias

COM HP: [1,80] [i] [360] [ENTER] [30] [÷] [n] [R/S] = 23,87% a.a.

2° Teste: Se eu tenho uma taxa anual de 23,87% e quero saber qual a taxa equivalente mensal. Lembre-se:

Eu quero para 30 dias

Eu tenho a taxa de 360 dias

COM HP: [23,87] [i] [30] [ENTER] [360] [÷] [n] [R/S] = 1,80% a.m.

3° Teste: Se eu tenho uma taxa anual de 42,57% e quero saber as taxas equivalentes para 19 dias, 47 dias e 53 dias. Lembre-se:

Eu quero para 19 dias, 49 dias e 53 dias.

Eu tenho a taxa de 360 dias.

COM HP: [42,57] [i] [19] [ENTER] [360] [÷] [n] [R/S] = 1,89% a.a.

Depois, [47] [ENTER] [360] [÷] [n] [R/S] = 4,74 % a.p.

E, depois, [53] [ENTER] [360] [÷] [n] [R/S] = 5,36% a.p.

4° Teste: Se eu tenho uma taxa para 30 dias iguais a 3,61% e quero saber as taxas equivalentes para 48 dias, 55 dias e 183 dias. Lembre-se:

Eu quero para 48 dias, 55 dias e 183 dias.

Eu tenho a taxa de 30 dias.

COM HP: [3,61] [i] [48] [ENTER] [30] [÷] [n] [R/S] = 5,84% a.p.

Depois, [55] [ENTER] [30] [÷] [n] [R/S] = 6,72% a.p.

E, depois, 183 [ENTER] 30 [÷] [n] [R/S] = 24,15% a.p.

DEPRECIAÇÃO

A depreciação é um termo contábil que se refere à perda de valor de um ativo ao longo do tempo, seja por desgaste, obsolescência ou outras razões. Isso se aplica principalmente a ativos físicos, como equipamentos e edifícios, que se deterioram com o tempo.

Para efeitos contábeis, a depreciação é usada para deduzir o custo de propriedade da empresa relacionado a esses bens de capital, à medida que eles se desgastam e perdem valor ao longo dos anos.

A HP 12C[133] oferece três funções diferentes para calcular a depreciação: a depreciação linear [SL][134], a depreciação utilizando o método do balanço de declínio [DB][135] e a depreciação utilizando a soma dos dígitos dos anos [SOYD][136]. Essas funções podem ser usadas individualmente para calcular a depreciação de um ativo, ou como parte de um cálculo mais complexo.

Ao utilizar a HP 12C[137], os dados necessários para calcular a depreciação são armazenados nos registros [n], [i], [PV] e [FV]. O valor contábil, ou preço de compra do ativo na data de aquisição, é inserido no registro [PV][138]. O número de períodos de depreciação é inserido no registro [n][139], a taxa de depreciação anual é inserida no registro [i][140], e o valor residual, que é o valor do ativo no final do período de depreciação, é inserido no registro [FV][141]. Com essas informações, a HP 12C[142] pode calcular a depreciação utilizando qualquer um dos três métodos disponíveis.

---

[133] HP 12C Gold, Platinum, Prestige, 25th Anniversary Edition.
[134] Depreciação linear.
[135] Depreciação usando balanço de declínio.
[136] Depreciação usando a soma dígitos de anos.
[137] HP 12C Gold, Platinum, Prestige, 25th Anniversary Edition.
[138] Custo original do ativo.
[139] Expectativa de vida útil do bem (Anos).
[140] Fator de saldo decrescente (Taxas).
[141] Valor residual do ativo.
[142] HP 12C Gold, Platinum, Prestige, 25th Anniversary Edition.

Para calcular a depreciação após a entrada destes valores introduza o número do ano para o qual a depreciação vai ser calculada e pressione [f] [SL] [f] [SOYD] ou [f] [DB]. O Valor da depreciação será exibido no visor. Para visualizar o valor residual (valor contábil menos o valor de resgate) pressione [X><Y].

Tabela de depreciação

Item	Taxa anual (i)	Vida útil(anos)
Edifícios	4%	25
Máquinas e Equipamentos	10%	10
Instalações	10%	10
Móveis e utensílios	10%	10
Veículos	20%	05
Computadores e periféricos	20%	05

A) A empresa Batatinha gastou R$ 28.000,00 em novos equipamentos para sua linha de produção. A vida útil esperada para este equipamento é de 12 anos e o valor de resgate é de R$ 2.500,00. Calcular a depreciação de saldo decrescente para o 5° e 8° ano e comparar com a depreciação linear.

Use o método [DB][143] 2 × 200% em relação ao método [SL][144].

COM HP: [28.000] [PV] [2.500] [FV] [200] [i] [12] [n] [5] [f] [DB] = 2.250,52 (5° ano)

COM HP: [28.000] [PV] [2.500] [FV] [200] [i] 12 [n] [8] [f] [DB] = 1.302,38 (8° ano)

Método [SL][145] para o primeiro ano.

COM HP: [1] [f] [SL] = 2.125,00.

O valor da depreciação de 2x método [DB][146] ponderada pelo 5° ano é de R$ 2,250,52 e 1,302.38 para o 8° ano.

---

[143] Depreciação usando balanço de declínio.

[144] Depreciação linear.

[145] Depreciação linear.

[146] Depreciação usando balanço de declínio.

Com os mesmos valores o montante anual de depreciação calculada pelo método [SL][147] é R$ 2.125,00.

B) Os equipamentos profissionais de vídeo comprados por R$ 15.000,00 têm uma vida útil de 08 anos com um valor residual de R$ 1.100,00. Utilizando o método [SOYD][148] encontre a depreciação para o ano 04.

COM HP: [15.000] [PV] [1.100] [FV] [8] [n] [4] [f] [SOYD] = 1.930,56.

O valor da depreciação no ano 04 é 1.930,56.

---

[147] Depreciação linear

[148] Depreciação usando a soma dígitos de anos.

O AUTOR (COMENTÁRIOS)

Neste resumo, apresento dicas simples e práticas de como utilizar a HP 12C[149] para solucionar questões financeiras comumente encontradas no mercado atual. Utilizei fontes teóricas para fundamentar as informações apresentadas, tornando o trabalho compacto e de fácil entendimento, com exemplos selecionados de concursos.

A HP 12C[150] é uma calculadora que utiliza a Notação Polonesa Reversa. programação simples e prática também favorece a solução de sequências de cálculos repetitivos.

Espero que este trabalho tenha sido útil para transmitir conhecimentos básicos aplicáveis à vida cotidiana e profissional dos leitores.

---

[149] HP 12C Gold, Platinum, Prestige, 25th Anniversary Edition.
[150] HP 12C Gold, Platinum, Prestige, 25th Anniversary Edition.

CÓDIGOS DE ERROS

Eventualmente nas operações com a HP 12C[151] pode ocorrer algumas falhas resultando em um procedimento incorreto indicado por uma mensagem de erro. As principais mensagens de erro da HP 12C[152] são descritas a seguir:

[Error 0] - Erro em operações matemáticas. Ex. Divisão de números naturais por zero, raiz quadrada de número negativo, logaritmo de número menor ou igual a zero fatorial de número não inteiro.

[Error 1] - Ultrapassagem da capacidade de armazenamento e processamento da máquina, a magnitude do resultado é igual ou superior a 10^{100}. Ex. fatorial de 73. Note que a mensagem de erro não aparece apenas uma série de noves aparece no visor.

[Error 2] - Operações estatísticas com erro. Ex. média com número igual a 0.

[Error 3] - Erro no cálculo da taxa interna de retorno (IRR). Neste caso a mensagem informa que o cálculo é complexo podendo envolver múltiplas respostas e não poderá prosseguir a menos que você forneça uma estimativa para a taxa interna de retorno (IRR)[153].

[Error 4] - Erro em operações com a memória da HP 12C[154]. Ex. tentativa de introdução de mais de 99 linhas de programação, tentativa de desvio (GTO) para uma linha inexistente em um programa ou tentativa de operação com os registradores de armazenamento (R5 a R9 ou R.0 a R.9) e tentativa de utilização de um registrador ocupado com linha de programação.

[Error 5] - Erro em operações com juros compostos. Provavelmente algum valor foi colocado com o sinal errado (todos os valores têm o mesmo sinal) ou os valores de [i] [PV] e [FV] são tais que não existe solução.

---

[151] HP 12C Gold, Platinum, Prestige, 25th Anniversary Edition.
[152] HP 12C Gold, Platinum, Prestige, 25th Anniversary Edition.
[153] Taxa Interna de Retorno (TIR)
[154] HP 12C Gold, Platinum, Prestige, 25th Anniversary Edition.

[Error 6] - Problemas com o uso dos registradores de armazenamento. O registrador de armazenamento especificado não existe ou foi convertido em linha de programação. O número de fluxos de caixa inseridos foi superior a 20.

[Error 7] - Problemas no cálculo da taxa interna de retorno (IRR)[155]. Não houve troca de sinal no fluxo de caixa.

[Error 8] - Problemas com o calendário. Pode ser decorrente do emprego de data inapropriada ou em formato impróprio; tentativa de adição de dias além da capacidade da máquina.

[Error 9] - Problemas no autoteste. O circuito da HP 12C[156] não está funcionando corretamente ou algum procedimento apresentou falhas.

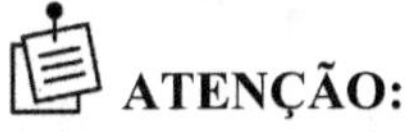 **ATENÇÃO:**

Caso as baterias fiquem por um longo período sem carga e seja efetuada a troca pode ocorrer a reinicialização da memória continua e haver perdas de dados e configuração e aparece a mensagem **[Pr Error]**.

Caso aconteça pressione qualquer tecla para apagar a mensagem.

---

[155] Taxa Interna de Retorno (TIR)
[156] HP 12C Gold, Platinum, Prestige, 25th Anniversary Edition.

TESTE SUA HP 12C[157]

AUTOMÁTICO

Com a HP 12C[158] desligada pressione [ON] e segure pressionando também [x] segure. Solte os dois, RESULTADO: [-8,8,8,8,8,8,8,8,8,8]. Se o mecanismo da máquina estiver funcionando corretamente, dentro de aproximadamente 25 segundos será exibido à palavra [running] piscando todos os indicadores do visor LCD[159] serão exibidos (exceção do [*] indicador de bateria fraca).

Se aparecer a expressão [Error 9] ou não aparecer nada, a HP 12C[160] está com problemas.

SEMI-AUTOMÁTICO

Com a HP 12C[161] desligada pressione e mantenha pressionada a tecla [÷] e depois pressione a tecla [ON]. Solte a tecla [ON] e depois a tecla [÷]. Para verificar o teclado nesta opção de teste é necessário pressionar todas as teclas da HP 12C[162] da esquerda para a direita de cima para baixo. Da tecla [n] até a tecla [÷] depois da tecla [y^x] até a tecla [x] da tecla [R/S] até a tecla [-] pressionando na passagem a tecla [ENTER] e por último da tecla [ON] até a tecla [+] passando também pela tecla [ENTER]. Assim a tecla [ENTER] deverá ser pressionada em duas passagens distintas. Como no teste anterior se o mecanismo da máquina estiver funcionando após pressionar todas as teclas o visor LCD[163] indicará o número 12. Se aparecer [Error 9] ou não aparecer nada, a HP 12C[164] está com problemas.

---

[157] HP 12C Gold, Platinum, Prestige, 25th Anniversary Edition.
[158] HP 12C Gold, Platinum, Prestige, 25th Anniversary Edition.
[159] Líquido Cristal Display (LCD).
[160] HP 12C Gold, Platinum, Prestige, 25th Anniversary Edition.
[161] HP 12C Gold, Platinum, Prestige, 25th Anniversary Edition.
[162] HP 12C Gold, Platinum, Prestige, 25th Anniversary Edition.
[163] Líquido Cristal Display (LCD).
[164] HP 12C Gold, Platinum, Prestige, 25th Anniversary Edition.

AUTENTICIDADE HP 12C (PLATINUM)[165]

1) Desligue a HP 12C[166]

2) Pressione e segura as teclas [g] e [ENTER] (continue pressionando até o próximo passo)

3) Pressione a tecla [ON] (enquanto as teclas [g] e [ENTER] continuam pressionadas desde o passo acima). Solte a tecla [ON]

4) Solte as teclas [g] e [ENTER] Será apresentada na tela a seguinte orientação: [1.L 2.C 3.H 4.CPᵘ]

Pressione [1] Para iniciar o teste de LCD[167] (todos os caracteres acenderão no visor LCD[168]). Pressione qualquer tecla para sair

Pressione [2] Para iniciar o resumo do teste e ver as mensagens originais. Pressione qualquer tecla para sair de uma tela para a próxima até que você retorne à tela principal.

Pressione [3] Para iniciar o teste de teclado. Todos os caracteres acenderão no visor LCD[169] você precisa pressionar todas as teclas do teclado até que todas sejam pressionadas pelo menos uma vez (O visor LCD[170] vai apagando gradativamente). Você pode pressionar as teclas em qualquer ordem. Pressione qualquer tecla para voltar ao teste de visor.

Pressione [4] Teste do processador. Pressione qualquer tecla para sair e voltar ao teste de visor.

Pressione [ON] Para sair do programa de teste. Isso também desligará a HP 12C[171]. Se detectar algum erro neste ponto, ela apresentará uma mensagem de erro.

---

[165] HP 12C Platinum, Prestige, 25th Anniversary Edition.
[166] HP 12C Platinum, Prestige, 25th Anniversary Edition.
[167] Líquido Cristal Display (LCD).
[168] Líquido Cristal Display (LCD).
[169] Líquido Cristal Display (LCD).
[170] Líquido Cristal Display (LCD).
[171] HP 12C Platinum, Prestige, 25th Anniversary Edition.

CURIOSIDADES HP 12C[172]

HP 12C (GOLD) [173]

Para desligar e travar a HP 12C[174] impossibilitando o uso por pessoas não autorizadas pressione as seguintes teclas: [45] [ENTER] [ON] [PMT] (Juntas) [ON] [PMT] novamente (Juntas) [1/x]. Para ligar [ON] [PMT].

HP 12C (PLATINUM)[175]

Para aumentar ou diminuir a intensidade do visor LCD[176] apertar as teclas [f] em seguida [+] ou [-]

DEFEITO NA HP 12C (PLATINUM) [177]

Alguns lotes da HP 12C[178] saíram de fábrica com um defeito em seu programa na função TIR[179] quando há séries não uniformes de pagamento. Este problema não afeta as demais funções nem ocorre nos modelos da HP 12C[180].

Segundo explicações da própria Hewlett Packard, o defeito ocorre quando se tenta calcular um fluxo de caixa irregular, cuja TIR[181] seja entre 0% e 0,5%. Para a averiguar a existência do defeito na HP 12C[182]. Alguns fóruns indicam o seguinte teste:

---

[172] HP 12C Platinum, Prestige, 25th Anniversary Edition.
[173] HP 12C Gold.
[174] HP 12C Gold.
[175] HP 12C Platinum, Prestige, 25th Anniversary Edition.
[176] Líquido Cristal Display (LCD).
[177] HP 12C Platinum, Prestige, 25th Anniversary Edition.
[178] HP 12C Platinum.
[179] Taxa Interna de Retorno (TIR).
[180] HP 12C Gold, Prestige, 25th Anniversary Edition.
[181] Taxa Interna de Retorno (TIR).
[182] Taxa Interna de Retorno (TIR).

TESTE:

COM HP:

[f] [REG]

[218720] [CHS] [g] [CFo]

[0]   [g] [CFj] [16]   [g] [Nj]

[28000]   [g] [CFj] [0]   [g] [CFj] [10]   [g] [Nj]

[65000]   [g] [CFj] [0]   [g] [CFj] [5]   [g] [Nj]

[47000]   [g] [CFj] [0]   [g] [CFj] [18]   [g] [Nj]

[88000]   [g] [CFj]

[f] [IRR]

Resultado Correto: [0,111049848]

Resultado Incorreto: [1,911000 – 10]

  Caso sua HP 12C[183] apresente o resultado incorreto vale a pena fazer contato com a loja ou com o representante da HP no Brasil.

---

[183] HP 12C Platinum.

BATERIA

Quando a HP 12C Gold[184] está com a bateria fraca, aparece no canto inferior esquerdo do visor um asterisco (*)[185] ou um símbolo de uma pilha piscando na HP 12C Platinum[186]. A HP 12C[187] mantém sua configuração original e programas gravados por até 03 minutos sem bateria. É o tempo que você tem para fazer a troca das baterias usadas por novas. Se passar de 03 minutos, quando fizer a troca a HP 12C[188] restaura as configurações originais de fábrica. Para efetuar a substituição por uma bateria nova utilize o procedimento a seguir com a HP 12C[189] desligada:

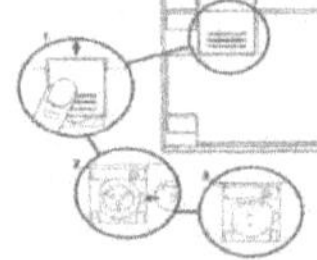

1) Remova a tampa do compartimento e a bateria.

2) Insira a bateria com o lado positivo para cima.

3) Recoloque a tampa do compartimento.

Atenção.: Cuidado para não apertar nenhuma tecla durante a troca da bateria. Se isso ocorrer o conteúdo da memória contínua poderá ser perdido e o teclado parar de funcionar.

4) Aperte a tecla [ON] para ligar sua HP 12C[190].

Obs.: Se a memória contínua for reinicializada por algum motivo o visor exibirá a mensagem [Pr Error]. Aperte qualquer tecla para apagar a mensagem.

---

[184] HP 12C Gold.
[185] HP 12C Gold.
[186] HP 12C Platinum.
[187] HP 12C Gold, Platinum, Prestige, 25th Anniversary Edition.
[188] HP 12C Gold, Platinum, Prestige, 25th Anniversary Edition.
[189] HP 12C Gold, Platinum, Prestige, 25th Anniversary Edition.
[190] HP 12C Gold, Platinum, Prestige, 25th Anniversary Edition.

EXERCÍCIOS COMPLEMENTARES

Exercícios para verificar se os conhecimentos sobre a utilização da HP 12C[191] foram assimilados. Resolva e confronte com as respostas logo em seguida. É muito importante praticar para fixar conteúdo.

A) João contraiu um empréstimo de R$ 1.732,00 para ser para ser quitado em 7 meses, a juros de 12% a.m quanto deverá ser pago no vencimento?

B) Pedro aplicou R$ 7.212,00 na caderneta de poupança que rende 8,5% a.m quanto poderá sacar daqui a 2 meses?

C) José comprou uma moto cujo preço à vista era de R$ 28.212,00. Como não possuía esse montante, resolveu pagar a prazo, em um plano de 10 prestações mensais iguais e consecutivas, a juros de 7 % a.m qual o valor das mensalidades?

D) Matilde aplica R$ 59.000,00 na caderneta de poupança que paga juros de 6,33% a.m para que possa retirar esse valor em 12 parcelas iguais, qual será o valor do saque mensal?

E) Raymundo pagou, com o Cartão de Crédito, a quantia de R$ 74.666,00 referente à compra de um carro, realizada há 45 dias. Sabendo-se que o custo do dinheiro foi de 9,3% a.m por quanto poderia ter saído o carro, se comprado à vista?

F) Quando Chiquinha nasceu seu pai resolveu depositar, todo mês de dezembro, certa quantia, de tal modo que tivesse, ao se casar com 25 anos, uma reserva de R$ 500.000,00 a valores de hoje. Se o dinheiro pode ser aplicado a 11% a.a. mais CM (depois do IR), de quanto deverão ser os depósitos anuais, a valores de hoje?

---

[191] HP 12C Gold, Platinum, Prestige, 25th Anniversary Edition.

G) Uma empresa realiza uma compra para ser faturada em 30/60/90 dias. Cada parcela vale R$ 1.000.000,00. Se o custo do dinheiro é de 15% a.m, qual deveria ser o valor da compra para pagamento à vista?

H) Uma mercadoria pode ser paga à vista com R$ 70.000,00 ou em 5 parcelas mensais postecipadas de R$ 20.000,00. Qual o juro cobrado?

I) No caso anterior, se o pagamento fosse de 1 + 4 parcelas de R$ 20.000,00 qual teria sido a taxa cobrada?

J) Se, no problema anterior a taxa fosse de 10% a.m, quantas parcelas mensais postecipadas de R$
20.000,00 seriam cobradas? Verifique a resposta.

K) Um empréstimo de R$ 70,00 foi liquidado em uma única parcela de R$ 103,00 a juros de 7% a.m qual o prazo decorrido?

M) Mensalmente, foi aplicado R$ 49,00 em um Fundo, durante 27 meses, fornecendo ao final um saldo de R$ 3.250,00. Qual a rentabilidade mensal desse Fundo?

N) 16. Um lote de ações foi adquirido por R$ 172,00 e vendido 52 dias depois por R$ 232,00. Qual a lucratividade mensal dessa operação?

SOLUÇÕES DOS EXERCÍCIOS

Ao iniciar um novo problema, limpe os registros da HP 12C [192] pressionando [f] [CLx] [f] [FIN] os indicadores "C" e "D.MY" deverão ser mantidos ligados, e o indicador "BEGIN" Desligado.

A) [1.732] [PV] [7] [n] 12 [i] [FV] = R$ 3.828,90

B) [7.212] [PV] [2] [n] [8,5] [i] [FV] = R$ 8.490,15

C) [28.212] [PV] [10] [n] [7] [i] [PMT] = R$ 4.016,75

D) [59.000] [PV] [12] [n] [6,33] [i] [PMT] = R$ 7.165,22.

E) [74.666] [FV] [9,3] [i] [45] [ENTER] [30] [÷] [n] [PV] = R$ 65.277,50

F) [500.000] [FV] [25] [n] [11] [i] [PMT] = R$ 4.370,12 a.a.

G) [3] [n] [1.000.000] [PMT] [15] [i] [PV] = R$ 2,283.225,12

H) [70.000] [CHS] [PV] [20.000] [PMT] [5] [n] [i] = 13,20% a.m.

I) (Sem limpar os registros) [g] [BEG] [i] = 21,86% a.m.

J) (Sem limpar os registros) [g] [END] [10] [i] [n] = 5 (parcelas)

[4] [n] [FV] = R$ 9.667 (Após pagamento da 4ª parcela)

[10] [%] [+] = R$ 10.633,70 (Valor da 5ª parcela)

Resposta: 4 Parcelas de R$ 20.000,00 e a 5ª de R$ 10.633,70

Verificação:

[20.000] [g] [CFj] [4] [g] [Nj] = R$ 10.633,70

[g] [CFj] [10] [i] [f] [NPV] = R$ 70.000,00

K) [7] [ENTER] [30] [÷] [0,23] [i] = 7 % a.m. e 0,23% a. d.

[70,00] [PV] [103,00] [CHS] [FV] [n] = 166 dias

L) [49,00] [PMT] [27] [n] [3.250] [CHS] [FV] [i] = 6,26% a.m.

M) [172,00] [PV] [52] [ENTER] [30] [÷] [1,73] [n] [232] [CHS] [FV] [i] = 18,65% a.m.

---

[192] HP 12C Gold, Platinum, Prestige, 25th Anniversary Edition.

BIBLIOGRAFIA DE APOIO

BAUER, Udibert Reinold. Calculadora HP 12C. São Paulo: Atlas,1996.

BRUNI, Adriano Leal; FAMÁ, Rubens. Matemática Financeira com HP12-C e Excel. São Paulo: Atlas, 2002.

HEWLETT PACKARD – Manual do Proprietário

Hewlett-Packard do Brasil: http://www.hp.com

Hewlett-Packard Museu: http://www.hpmuseum.org

LAPONI, Juan Carlos. Matemática Financeira. Atlas, 1998.

SAMANEZ, Carlos Patrício. Matemática Financeira. São Paulo. Makron Books.

SANTOS, João Carlos. Matemática Financeira-I ¾ com a calculadora HP 12C. (Série Análise de Negócios) / João Carlos dos Santos; São Paulo: Arte & Ciência, 2001.

AUTOBIOGRAFIA

    Odair Soares Pereira, nasceu em 21/12/1978, natural de Ji-Paraná/RO, bacharel em Administração e Pós-graduado em Gestão Financeira e Gestão de Pessoas e Recursos Humanos.